Sabine Winkler

TRAININGSBUCH

Hundeerziehung

Kosmos

Der wahre Zweck eines Buches ist es, den Geist hinterrücks zum eigenen Denken zu verleiten.

Christopher D. Morley

Für manchen Hundehalter ist Hundeerziehung eher ein notwendiges Übel. Am liebsten wäre ihm, der Hund wäre »einfach nur lieb« und würde mit so wenig Aufwand wie möglich »mitlaufen«. Oder er fürchtet, ein gezieltes Training würde die Natur des Hundes irgendwie verbiegen. Das ist schade, denn Hundetraining ist nicht nur ein wichtiger und unverzichtbarer Bestandteil der Hundehaltung, sondern macht riesigen Spaß und erweitert den Horizont – im Idealfall nicht nur den des vierbeinigen, sondern auch den des zweibeinigen Partners. Dies umso mehr, je qualitativ hochwertiger das Training ist und je mehr der zweibeinige Partner über die Hintergründe weiß. Hunde lieben es außerdem, zusammen mit »ihrem« Menschen etwas zu lernen. Deshalb sollte eigentlich jeder Hundehalter auch Hundetrainer sein, zumindest ein bisschen. Und deshalb bezeichnet der Ausdruck »Hundetrainer« in diesem Buch nicht den Inhaber einer Hundeschule oder den Ausbilder von Blindenführhunden, sondern – Sie.

Das vorliegende Buch soll die Kluft, die sich oft zwischen Theorie und Praxis auftut, ein wenig überbrücken und Ihnen helfen, dem eigenen Hund (oder dem, mit dem Sie arbeiten) ein noch besserer Trainer zu werden. Die Übungsvorschläge in diesem Buch dienen also weniger dem Training des Hundes als dem des Menschen. Was natürlich nicht heißt, dass dabei nicht auch Ihr Hund Nützliches dazulernen wird!

Das Buch ist als Arbeitsbuch gedacht. An einigen Stellen werden Abkürzungen und Querverweise verwendet.
Das Buch enthält:

- Vorschläge für praktische Übungen, die Ihre Trainerfähigkeiten verbessern können,
- Tipps und Informationen, die helfen, Fehler zu vermeiden und den eigenen Trainingsstil zu verbessern,
- Fallbeispiele mit Fragen, die Sie wie Rätsel lösen können, wenn Sie mögen (oder gleich die Lösungen nachlesen),
- Tabellen und Listen, die Sie ergänzen können,
- Kritisches, das zum Nachdenken anregen soll.

Wer mehr über die theoretischen Hintergründe des Lernverhaltens erfahren möchte, lese bitte begleitend das Buch »So lernt mein Hund«.
Das vorliegende Buch ist aber auch problemlos für sich allein verständlich. Die wichtigsten Grundbegriffe der Lerntheorie finden Sie kurz zusammengefasst in kleinen Artikeln.

Sabine Winkler

Das Training optimieren 6

7 Fähigkeiten des Hundetrainers
8 Fähigkeiten des Hundes
9 Regeln zum Übungsaufbau
9 Stufe 1: Das Verhalten auslösen
10 Stufe 2: Das Verhalten üben
11 Stufe 3: Die Belohnungshäufigkeit verringern
11 Stufe 4: Das Verhalten mit einem Signal verknüpfen
11 Stufe 5: Routine und Zuverlässigkeit erwerben
12 Verhalten formen

Lernmechanismen auf einen Blick 14

15 Gewöhnung und Sensibilisierung
15 Klassische Konditionierung
16 Operante Konditionierung
17 Konditionierte Verstärker oder Strafen
17 Fallbeispiele

Belohnung und Motivation 21

23 Arbeiten mit konditionierten Verstärkern
24 Der Clicker
26 Futter und Leckerchen
28 „Mein Hund nimmt keine Leckerchen!“
32 Spiel und Spielzeug
33 Spielzeug wiederbringen
33 Spielzeug ausgeben
34 Spieldisziplin
34 Spiel als Verstärker
35 Flow
37 Zuwendung und Körperkontakt
39 Tätigkeiten als Belohnung
40 Den Hund zum Kommen motivieren
23 Übung 1: Was mag Ihr Hund am liebsten?
25 Übung 2: Geschicklichkeit mit dem Clicker
28 Übung 3: Leckerchen-Hitparade
31 Übung 4: Leckerchen übergeben
32 Übung 5: Welcher Spieltyp ist Ihr Hund?
34 Übung 6: Übermotivations-Test
35 Übung 7: Viele Rückmeldungen geben
36 Übung 8: Körpersprache analysieren
37 Übung 9: Rollentausch
39 Übung 10: Streicheln richtig einsetzen

Signalkontrolle: Kommandos trainieren 43

46 ▸ Wege zur Signalkontrolle
48 ▸ Signale und „Vorsignale“
49 ▸ Signale generalisieren
52 ▸ Locken – an der Nase herumführen
53 ▸ Richtig Locken: Die Magnet-Methode
54 ▸ „Platz“ ist nicht gleich „Platz“
56 ▸ Verhaltensketten trainieren

45 ▸▸ Übung 11: Die Signalkontrolle überprüfen
47 ▸▸ Übung 12: Ein neues Signal für ein »altes« Verhalten
49 ▸▸ Übung 13: Worauf reagiert Ihr Hund wirklich?
50 ▸▸ Übung 14: Signale richtig geben
53 ▸▸ Übung 15: Die Hand als Target
55 ▸▸ Übung 16: Signale definieren

Negative Verstärkung und Strafe 57

61 ▸ Erfolg verhindern
63 ▸ Ignorieren
64 ▸ Abbruch der Interaktion
64 ▸ Auszeit
65 ▸ Negative Verstärkung und Zwang
66 ▸ »Freiheitsberaubung« bei Welpen
68 ▸ Nachteile und Risiken
68 ▸ Sonderfall Angst
69 ▸ Abbruchsignal
71 ▸ Fisher-Discs als Abbruchsignal
72 ▸ Positive Strafe
75 ▸ Positive Strafe richtig einsetzen

60 ▸▸ Übung 17: Die richtige Methode finden

Trainingseinheiten gestalten 76

77 ▸ Trainingsplan und Trainingstagebuch
78 ▸ Wie oft üben?
78 ▸ Eine Trainingseinheit gestalten
80 ▸ Die richtige Lernumgebung
80 ▸ Vorsicht – Überforderung!
83 ▸ Beschwichtigungsgesten
84 ▸ Fortschritte erzielen, Übungen weiterentwickeln
84 ▸ Kleine Schritte – hohe Belohnungsrate
85 ▸ Nur ein Kriterium zur Zeit üben
87 ▸ Übungen kombinieren
88 ▸ Belohnungen abbauen

81 ▸▸ Übung 18: Spontaner Blickkontakt
84 ▸▸ Übung 19: Belohnungen abbauen
85 ▸▸ Übung 20: In kleinen Schritten üben
87 ▸▸ Übung 21: Übungen zerlegen

Grundregeln im Alltag 90

93 ▸ Konditionieren statt befehlen
96 ▸ Gutes Verhalten belohnen
98 ▸ Erfolgreiches Management
97 ▸▸ Übung 22: Folgen

Erziehungsmethoden hinterfragen 101

102 ▸ Argument »Es ist artgerecht«
104 ▸ Argument »Bei Wölfen ist es so«
104 ▸ Argument »Das Alphatier macht es«
107 ▸ Argument »Man braucht keine Hilfsmittel«
108 ▸ Ist negative Verstärkung effektiver?
106 ▸▸ Übung 23: Rangordnung hinterfragen

Service 109

110 ▸ Hundehalter-Test
114 ▸ Erklärung der Fallbeispiele
117 ▸ Auflösung der Übungen
120 ▸ Fachausdrücke und Abkürzungen
121 ▸ Zum Weiterlesen
121 ▸ Nützliche Adressen
121 ▸ Register
124 ▸ Impressum

Das Training optimieren

7 Fähigkeiten des Hundetrainers
8 Fähigkeiten des Hundes
9 Regeln zum Übungsaufbau
9 Stufe 1: Das Verhalten auslösen
10 Stufe 2: Das Verhalten üben
11 Stufe 3: Die Belohnungshäufigkeit verringern
11 Stufe 4: Das Verhalten mit einem Signal verknüpfen
11 Stufe 5: Routine und Zuverlässigkeit erwerben
12 Verhalten formen

Es reicht nicht zu wissen, man muss es auch anwenden. Es reicht nicht zu wollen, man muss es auch tun.

Johann Wolfgang von Goethe

Ehe wir ins Detail und in die Praxis gehen möchte ich Sie bitten, sich zu vergegenwärtigen, wie Hundetraining grundsätzlich funktioniert und worauf es dabei ankommt.

Fähigkeiten des Hundetrainers

Hundeausbildung ist eine vielschichtige Tätigkeit, sozusagen ein Mittelding aus Wissenschaft, Handwerk und Kunst. Welche Eigenschaften, Kenntnisse und Fertigkeiten braucht man, um einen Hund erfolgreich und möglichst »hundeschonend« zu erziehen und auszubilden? Nachfolgend meine persönliche Liste:

- »Lebendiges«, d.h. anwendbares Wissen über die »Natur« von Hunden, ihr Verhalten allgemein und ihr Lernverhalten.
- Gute Kenntnis der individuellen und rassetypischen Eigenarten des Hundes, mit dem Sie arbeiten.
- Richtige Einschätzung des momentanen Leistungsniveaus des Hundes, mit dem Sie arbeiten.
- Konzentrationsfähigkeit.
- Energie, Zielstrebigkeit, Entschlossenheit, Beharrlichkeit.
- Geduld und Selbstbeherrschung.
- Gutes Timing.
- Beobachtungsgabe und das Wissen, wohin man wann gucken muss.
- Körperbeherrschung und -bewusstsein, etwas schauspielerische Begabung, eine gewisse Beweglichkeit.
- Die passende Ausrüstung. Unabdingbare Hilfsmittel sind meiner Meinung nach: Futter, evtl. Spielzeug, höchstwahrscheinlich Leine und Halsband und – Clicker (Begründung siehe Seite 24) .
- Beherrschung der Handhabung Ihrer Hilfsmittel und der sonstigen ggf. nötigen Handgriffe und Bewegungen »wie im Schlaf«.

Die wichtigste Basisfähigkeit des Hundes: Aufmerksamkeit und Konzentration auf den Menschen.

Fähigkeiten des Hundes

Den geborenen Lernmuffel gibt es unter Hunden ebenso wenig wie unter Menschen. Beide sind von Natur aus begnadete Problemlöser und Superlerner. Um ein Musterschüler zu werden, muss sich aber auch Ihr Hund bestimmte grundlegende Dinge erst aneignen bzw. Sie müssen sie ihn lehren, nämlich:

- Es muss ihm »bewusst« werden, dass er durch seine eigenen Handlungen (vor allem durch Kooperation mit dem Menschen) Belohnungen hervorrufen kann.
- Er muss erkennen, dass Worte, Handzeichen oder Pfiffe etwas bedeuten.
- Er muss mentale und teilweise auch körperliche Ausdauer entwickeln.
- Falls Sie mit Lockmitteln arbeiten, muss er lernen, nicht gierig danach zu grapschen, sondern sie als Hinweise zu nehmen, was er tun soll.
- Falls Sie mit Zwang (z.B. leichtem Druck aufs Hinterteil fürs Hinsetzen) arbeiten wollen, muss er begreifen, dass er dem Druck nachgeben und die so angebahnte Bewegung selbst machen soll.

Möchte man einen richtig klugen Hund, sollte man das Training breit anlegen und ihm relativ früh in der Ausbildung vermitteln, dass eine Vielzahl von verschiedenen Handlungen belohnt werden kann:

- Konzentration auf den Menschen (Blickkontakt aufnehmen und halten).
- Zum Menschen kommen.
- Bewegungen mit dem eigenen Körper (sich drehen, rückwärts gehen, setzen, legen, Pfote heben usw.).
- In einer bestimmten Position verharren (z.B. »Platz«).
- Sich in eine bestimmte Position zum Menschen begeben, z.B. Bei-Fuß-Gehen oder Vorsitzen. (Manche Hunde müssen dazu erst ihre Abneigung überwinden, einem ganz dicht auf die Pelle zu rücken.)
- »Kontrolliert« vom Menschen weglaufen (voranschicken, zu einem Ziel laufen).
- Verschiedenes mit Gegenständen tun: ins Maul nehmen, draufklettern, drüberspringen, umrunden usw.
- Ggf. etwas tun, bei dem der Einsatz der Nase gefragt ist: Fährte, Gegenstände suchen o.ä.

Stufe 1: Das Verhalten auslösen

Hierfür gibt es prinzipiell drei Möglichkeiten:

1. Sie achten darauf, wann sich Ihr Hund von sich aus regelmäßig hinlegt, z.B. wenn er aus der Terrassentür schaut, und nutzen diese Gelegenheiten dann zum Verstärken.
2. Sie können das Verhalten herbeiführen, d.h. etwas »nachhelfen«. Die meisten Hunde legen sich z.B., wenn man ein Leckerchen vor ihnen zu Boden bewegt. Oder evtl. legt sich Ihr Hund nach einer Weile hin, wenn Sie mit ihm an der Leine herumstehen und warten. Man kann das Hinlegen natürlich auch über Druck mit den Händen oder Leinenzug nach unten erzwingen. (Warum das nicht so günstig ist siehe Seite 65.)
3. Sie »formen« das Verhalten (siehe Kasten auf Seite 12).

Regeln zum Übungsaufbau

Wenn man einem Hund eine aktive Tätigkeit beibringt, folgt der Übungsaufbau im Wesentlichen immer dem gleichen Schema. Sie müssen:

- herausfinden, wie Sie das gewünschte Verhalten zuverlässig auslösen oder wann Sie es »einfangen« können,
- das Verhalten wiederholt auslösen (einfangen) und belohnen, bis es »flüssig« geworden ist,
- die Häufigkeit der Belohnungen verringern, damit Ihr Hund das Verhalten Widrigkeiten zum Trotz beibehält,
- das Verhalten ggf. mit einem Signal (Kommando) verknüpfen,
- das Verhalten in den verschiedensten Situationen üben, damit Ihr Hund Routine bekommt und immer zuverlässiger wird.

Bei manchen Hunden kann man das Hinlegen »herbeiführen«, indem man sie ein Leckerchen belauern lässt.

Das ursprüngliche Locken mit einem Leckerchen ist hier schon zu einem echten Sichtzeichen reduziert worden.

Welche der Möglichkeiten man wählt, hängt von eigenen Vorlieben und von der Übung selbst ab. Sich strecken muss man z.B. »einfangen«, also dann belohnen, wenn es spontan auftritt, da man es schlecht auslösen kann. Wohlverhalten im Alltag – z.B. nicht anspringen – wird ebenfalls meist nach dem Schema Nr. 1 eingeübt. Locken hat zwar einige Vor-, aber auch gewisse Nachteile (siehe Seite 52). Für bestimmte Übungen eignet sich diese Art des Trainings aber sehr gut (z.B. »Sitz«, um einen Stuhl laufen, sich um sich selbst drehen, teilweise auch Anfänge von Bei-Fuß-Gehen oder Kommen auf Ruf usw.). Formen ist spaßig und vielseitig, erfordert aber von Mensch und Hund etwas Einarbeitung, ehe beide es gut beherrschen. Formen brilliert vor allem bei komplexen Übungen wie Apportieren oder Lichtschalter betätigen oder bei präzisen Arbeiten wie perfektem Bei-Fuß-Gehen.

Stufe 2: Das Verhalten üben

Hat man herausgefunden, wie man den Hund dazu bekommen kann, das Erwünschte zu tun (oder wann er es gewöhnlich von selbst tut), muss man es eine Zeit lang üben und dabei belohnen, damit es »flüssig« wird, der Hund bei der Ausführung Sicherheit und Routine gewinnt und motiviert ist, das Verhalten oft zu wiederholen. Dieser Schritt wird häufig vernachlässigt. Man sollte sich und dem Hund jedoch genug Zeit für Wiederholungen gönnen. Im Laufe dieser Wiederholungen werden dann auch Hilfen wie Lockmittel oder übertriebene Körpersprache zügig abgebaut und das Verhalten wird perfektioniert.

Beim »Platz« ist z.B. beim Locken bald kein Leckerchen mehr in der Hand, dann baut man auch das Hinunterbeugen ab. Schließlich belohnt man nur noch zügiges und gerades Hinlegen. Durch all diese Stadien wird der Hund noch fast immer oder zumindest sehr häufig belohnt, denn jede dieser Stufen stellt für ihn eine krasse Veränderung der Übung und damit eine deutliche Schwierigkeitserhöhung dar. Bei einfachen Übungen wie »Sitz« kann man alle diese Stadien in wenigen Minuten durchlaufen. Beim »Platz« oder gar komplexen Dingen wie Bei-Fuß-Gehen oder Apportieren kann der Aufbau hingegen viele Wochen dauern.

Stufe 3: Die Belohnungshäufigkeit verringern

Erst wenn das Verhalten etwa die Form angenommen hat, die Sie möchten und die Ihr Hund zu geben in der Lage ist, und die Ausführung einigermaßen flüssig geworden ist, werden die Belohnungen verringert. Dies dauert meist nicht allzu lange, ist aber ein eigenes Übungsstadium. Warum? Denken Sie an den defekten Automaten beim Formen (siehe Kasten auf S. 12). Ihr Hund wird sein Verhalten variieren, wenn Sie ihn seltener belohnen. Diesmal jedoch wollen Sie die Übung nicht weiterentwickeln, sondern sie in ihrer jetzigen Form festigen. Dazu lassen Sie hin und wieder eine Belohnung aus, sogar wenn Ihr Hund es prima gemacht hat. Damit er nicht allzu frustriert ist, können Sie ihn ruhig mit z. B. »Brav« (siehe S. 24) loben.

Dies Wechselspiel von belohnen und Belohnungen auslassen machen Sie so lange, bis er sein Verhalten in immer gleicher (und nahezu perfekter) Form ausführt, egal ob er beim vorigen Mal belohnt worden ist oder nicht. Erst dann können Sie sicher sein, dass alle Unklarheiten bezüglich dieser Übung für Ihren Hund beseitigt sind.

Stufe 4: Das Verhalten mit einem Signal verknüpfen

Die Signalverknüpfung (= Verknüpfung mit einem Kommando) wird hier erst so spät aufgeführt, weil das Ergebnis besser ist, wenn Sie das endgültige Signal erst einführen, wenn das Verhalten »fertig« und gefestigt ist. Der früheste vernünftige Zeitpunkt zur Signaleinführung ist die Stufe 2, wenn Sie sicher sind, dass Sie das erwünschte Verhalten auslösen können, oder wissen, wann Ihr Hund es von sich aus zeigen wird. Details und Übungen zur Signalkontrolle finden Sie ab Seite 43.

Stufe 5: Routine und Zuverlässigkeit erwerben

Auch dieses Stadium wird immer wieder vernachlässigt und seine Bedeutung und Dauer unterschätzt. Hat der

Gerade beim »Platz« ist es besser, das Hörzeichen erst einzuführen, wenn man sich zum Herbeiführen nicht mehr zum Hund hinunterbeugen muss.

Verhalten formen

Man »formt« Verhalten (engl. Shaping), indem man zuerst Vorstufen des gewünschten Verhaltens (= Zielverhalten) belohnt und dann allmählich immer etwas mehr verlangt. Ist Ihr Zielverhalten z.B. »Platz«, aber Ihr Hund läuft gerade im Raum umher, können Sie ihn anfangs für kurzes Stillstehen belohnen, dann für längeres Stillstehen, dann für Sitzen und schließlich fürs Liegen. Jede dieser Vorstufen (z.B. stehen) belohnen Sie so lange, bis er sie regelmäßig anbietet. Dann halten Sie Ihre Belohnung zurück und warten ab, was passiert. Durch das Ausbleiben der nunmehr erwarteten Belohnung ist der Hund leicht frustriert und wird sein Verhalten vermutlich intensivieren und variieren (= Löschungstrotz). Dasselbe passiert, wenn man eine Münze in einen Automaten wirft und nichts herauskommt. Meist wirft man die Münze wiederholt ein. Wenn das nichts bringt, versucht man eine andere, drückt mehrfach die Knöpfe, hämmert an den Automaten usw. Bei Ihrem Hund können Sie nun wieder auswählen, welche Variante Sie weiter verstärken wollen. Durch abwechselndes, regelmäßiges Belohnen der bisher erreichten Ausprägung des Verhaltens und vorübergehendes Zurückhalten der Belohnung schraubt man die Ansprüche beim Formen immer höher.

Hund nur wenige Male auf Signal »Platz« gemacht, glaubt der stolze Hundebesitzer bereits, der Hund könne diese Übung, und ist erbost und enttäuscht, wenn es dann doch noch nicht so klappt. Aber von »ein paarmal hinbekommen haben« zu »können« ist es noch ein weiter Weg. Erst nach vielen Hunderten oder gar Tausenden Wiederholungen kann man erwarten, dass der Hund praktisch automatisch reagiert. Unter anderem liegt das daran, dass der Hund die Übung noch verallgemeinern muss, d.h. er muss

Die Kunst beim Formen besteht darin, einzuschätzen, wann und wie lange man die Belohnung zurückhalten kann, ohne den Hund so sehr zu frustrieren, dass er bildlich gesprochen nur noch erbost an den Automaten hämmert oder enttäuscht seine Münzen einsteckt und geht. Als Faustregel gilt: erst wenn der Hund die bisher belohnte Vorstufe mindestens 6–8 mal in etwa derselben Form fast sofort wiederholt hat, nachdem er jeweils fürs vorige Mal belohnt worden ist, sollte man die Anforderungen erhöhen (d.h. die nächste Belohnung wieder hinauszögern). Wichtig beim Formen ist noch, dass man streng bei einem Anforderungs-Kriterium bleibt, bis der Hund dieses vollständig erfüllt. Wenn Sie den Hund z.B. beim Üben des »Sitz« mal dafür belohnen, dass er sich schnell setzt, beim nächsten Mal, dass er sich gerade setzt, dann wieder, dass er dabei so süß guckt usw., kann er nicht herausfinden, was Sie wollen. Es ist so, als ob Sie beim Automaten jedes Mal auf einen anderen Knopf drücken müssten, damit etwas herauskommt. Haben Sie verschiedene Kriterien an eine Übung (schnell, gerade, dicht neben Ihnen sitzen), müssen Sie diese daher nacheinander einführen.

Obwohl dies so klingen muss, als ob Formen ewig dauert, ist dem nicht so. Gerade bei erfahrenen Hunden kann man oft in wenigen kurzen Übungseinheiten ein neues Verhalten entwickeln. Der Vorteil des Formens: es macht Spaß, man kann auch sehr komplizierte Übungen relativ problemlos entwickeln, es sorgt für geistige Auslastung des Hundes, fördert selbstständiges Arbeiten bei ihm, und solcherart selbst »erfundenes« Verhalten behalten Hunde sehr gut und führen es auch meist sehr freudig aus. Da es beim Formen auf perfektes Timing ankommt, brauchen Sie dafür einen konditionierten Verstärker (siehe S. 17), am besten einen Clicker.

sie aus der Übungssituation auf andere Situationen übertragen und lernen, sie an allen möglichen Orten auszuführen, trotz allerlei Ablenkungen, aus verschiedenen Stimmungen heraus und trotz mancher Änderungen (z.B. bei anderer Stimmlage oder Körpersprache oder mit einem anderen Gegenstand). Ist Ihr Hund umweltsicher und haben Sie ihn bis hierhin sorgfältig trainiert, geht das Verallgemeinern relativ schnell. Ist er aber unsicher (z.B. schlecht sozialisiert), kann es eine lebenslange Aufgabe bleiben.

Lernmechanismen auf einen Blick

15 Gewöhnung und Sensibilisierung
15 Klassische Konditionierung
16 Operante Konditionierung
17 Konditionierte Verstärker oder Strafen
17 Fallbeispiele

Die Praxis sollte das Ergebnis des Nachdenkens sein, nicht umgekehrt.
Hermann Hesse

Sicher, man kann ein guter Hundetrainer sein, ohne in jeder Sekunde benennen zu können, mit welchem Fachwort das bezeichnet wird, was man gerade tut. Aber man muss wissen, was für Lernarten es gibt, für welche Fälle sie grundsätzlich geeignet sind, worauf man besonders achten muss, wenn man sie anwendet, und welche unerwünschten Nebenwirkungen sie evtl. haben können. Hier in Kurzform die verschiedenen Lernmechanismen.

Gewöhnung und Sensibilisierung

Gewöhnung: der Hund stumpft gegen (Sinnes-)Reize oder Vorgänge ab, denen er dauerhaft oder wiederholt ausgesetzt ist, d.h. er reagiert immer weniger oder immer gelassener darauf. Sensibilisierung: das Gegenteil von Gewöhnung, der Hund reagiert immer empfindlicher auf sich wiederholende oder andauernde Reize und wird oft auch allgemein schreckhafter oder erregter. Zur Gewöhnung kommt es eher gegenüber schwachen und wenig unangenehmen Sinneseindrücken. Starke und unangenehme Erlebnisse (z.B. Schreck, Schmerz, Angst) führen eher zu einer Sensibilisierung. Bei einer Desensibilisierung versucht man, diesen Prozess wieder umzukehren, indem man den Hund dem betreffenden Reiz in so schwacher Form aussetzt, dass er noch gelassen bleiben kann, und ihm zusätzlich etwas Angenehmes anbietet.

Klassische Konditionierung

Ein zuvor neutraler, also bedeutungsloser Reiz (= Sinneswahrnehmung) bekommt durch Verknüpfung mit einem anderen Reiz eine Bedeutung (z.B. Tüte rascheln = Leckerchen bekommen). Damit die Verknüpfung entsteht, muss der neutrale Reiz ganz kurz (0,5 bis maximal 2 Sekunden) vor dem bekannten Reiz kommen und darf nicht zu oft ohne diesen wahrgenommen werden. Meist braucht es etliche Wiederholungen, bis die Konditionierung erfolgt ist. Der Lernvorgang kann wieder gelöscht werden, wenn der konditionierte Reiz oftmals erfolgt, ohne dass der andere

Gibt man Leckerchen oft aus einer raschelnden Tüte, wird das Rascheln für den Hund zu einem konditionierten positiven Verstärker.

Reiz folgt (= rascheln ohne danach Leckerchen zu geben). Klassische Konditionierung erfolgt unbewusst und auch ohne Motivation. Die erlernte Reaktion (z.B. Vorfreude und speicheln auf das Rascheln der Tüte hin) ist häufig emotional und läuft oft automatisch ab.

Operante Konditionierung

Lernen durch Versuch und Irrtum. »Die Konsequenzen, die ein Verhalten hat, beeinflussen sein Auftauchen in der Zukunft.« Gelernt wird eine Handlung (ein Verhalten) oder eine neue Anwendungsmöglichkeit einer Handlung. Hat die Handlung angenehme Konsequenzen, wird der Hund sie wahrscheinlich wiederholen; hat sie unangenehme Konsequenzen, unterlassen. Damit der Zusammenhang zwischen dem Verhalten und seiner Konsequenz gelernt wird, muss die Konsequenz ganz kurz (0,5 bis maximal 2 Sekunden) nach dem Verhalten kommen und darf nicht zu oft ausbleiben. Es braucht meist einige Wiederholungen des Ablaufs, ehe der Zusammenhang sicher gelernt ist. Der Lernvorgang kann wieder gelöscht werden, wenn die Konsequenz längere Zeit nicht mehr auf das Verhalten folgt. Operante Konditionierung ist freiwillig und zielorientiert, d.h. der Hund muss motiviert sein, zu lernen oder das Gelernte anzuwenden, er muss »wollen«. »Motor« des Lernens sind vor allem die Gefühle, die durch die Konsequenz ausgelöst werden.

Die Konsequenzen

1. Positive Verstärkung (**V+**): Etwas Angenehmes kommt hinzu, das Verhalten wird verstärkt (z.B. Leckerchen fürs Hinsetzen). Gefühl: Freude, Erfolg.
2. Negative Verstärkung (**V-**): Etwas Unangenehmes hört auf, das Verhalten wird verstärkt (z.B. Nachlassen von Schmerz oder des Gefühls der Bedrohung). Gefühl: Erleichterung.
3. Positive Bestrafung (**S+**): Etwas Unangenehmes kommt hinzu, das Verhalten wird schwächer (z.B. Leinenruck, schimpfen). Gefühl: Angst, evtl. Schmerz.
4. Negative Bestrafung (**S-**): Etwas Angenehmes hört auf, das Verhalten wird schwächer (z.B. Entziehen von Aufmerksamkeit, Wegnehmen von Spielzeug). Gefühl: Frust, Enttäuschung.

Konditionierte Verstärker oder Strafen

Dies sind Reize (Sinneswahrnehmungen), die der Hund durch klassische Konditionierung mit einem Verstärker (bzw. einer Strafe) verknüpft hat, sodass sie dieselben Gefühle im Hund auslösen und praktisch denselben Effekt haben wie die eigentliche Verstärkung (bzw. Strafe). Man nennt sie auch »Brückensignale«, weil sie die Zeit zwischen dem zu verstärkenden (bzw. zu bestrafenden) Moment und der tatsächlichen Verstärkung (bzw. Strafe) überbrücken. In der Regel werden Worte oder andere Geräusche benutzt, z.B. Clicker = konditionierter positiver Verstärker (**kV+**), Rasseln einer Wurfkette = konditionierte positive Strafe (**kS+**).

Fallbeispiele

Die im Folgenden geschilderten Beispiele können Sie wie ein Ratespiel benutzen, um Ihren Wissensstand über das Lernverhalten zu überprüfen oder zu ergänzen. Fragen Sie sich jeweils:

1. Was ist das für ein Lernvorgang? Zur Auswahl stehen: Gewöhnung, Sensibilisierung, klassische Konditionierung und operante Konditionierung.
2. Klassische Konditionierung läuft immer nebenbei ab, die Frage ist aber: ist sie hier entscheidend oder eher nebensächlich? Und welche Reize (Sinneswahrnehmungen) werden miteinander verknüpft bzw. welche Emotionen mit welchem Reiz?
3. Falls Sie auf operante Konditionierung tippen: ist es positive Verstärkung (**V+**), negative Verstärkung (**V-**), positive Strafe (**S+**) oder negative Strafe (**S-**)? Welches Verhalten des Hundes wird dadurch verstärkt bzw. gehemmt? Achtung, Mehrfachnennungen sind möglich, da meist mehrere Lernvorgänge gleichzeitig ablaufen.
4. Wendet der Mensch die Lernart »regelgerecht« an? Ist es überhaupt richtig, in dieser Situation diese Lernart zu verwenden, oder wäre etwas anderes wirkungsvoller? Was müsste der Mensch ggf. anders machen, damit es besser klappt?

Meine Antworten können Sie im Anhang ab Seite 114 nachlesen, wobei es sicher auch andere Interpretationsmöglichkeiten gibt. Schließlich sind die Begriffe der Lerntheorie keine Naturkonstanten, sondern nur Denkmodelle.

▸ Beispiel 1

Ayla ist 8 Wochen alt und soll stubenrein werden. Ihre neuen Besitzer versuchen, sie oft genug hinauszubringen. Passiert drinnen mal ein Malheur, ignorieren sie das.

Durch welchen Lernvorgang wird ein Welpe eigentlich stubenrein?

Dieser mit sich und seinem Menschen zufriedene Hund hat das Bei-Fuß-Gehen sicher nicht per Leinenruck gelernt.

Beispiel 2

Herrn Meyers Rambo bellt an der Leine andere Hunde an. Herr Meyer bringt Rambo daher, wenn ein fremder Hund auftaucht, mit scharfem Kommando und Leinenruck ins »Platz«. Während der Hund sich nähert und vorbeigeht, droht Herr Meyer Rambo fortwährend weiter: »Platz! Bleib!! Wage es nicht! Platz!!!«

Beispiel 3

Frau Schmidt hat kürzlich mit ihrer 5 Monate alten Jette einen Ferienkursus besucht. Kommen auf Ruf wurde dort so geübt: Man ruft »Komm« und ruckelt den Hund danach mit der langen Leine zu sich heran, wo er mit Worten gelobt und gestreichelt wird. Auf der Hundewiese probiert Frau Schmidt nun das Gelernte ohne Leine aus. Tatsächlich kommt Jette auf Ruf aus der Gruppe heraus, wenn auch langsam und widerwillig. Frau Schmidt ist trotzdem sehr stolz auf ihren Erfolg, denn manche anderen Hunde lassen sich gar nicht aus dem Spiel abrufen.

Beispiel 4

Eine Anleitung aus einem Hundebuch, dem Hund das Bei-Fuß-Gehen beizubringen: »Der Hund sitzt angeleint neben dem Hundeführer. Der Hundeführer sagt ‚Fuß' und geht los. Weicht der Hund in irgendeine Richtung vom Knie des Hundeführers ab, wird er mit einem Leinenruck zurückgeholt. Wenn er an lockerer Leine neben dem Hundeführer geht, wird er mit der Stimme gelobt.«

Beispiel 5

Brigitte will erreichen, dass sich ihre Hündin Mücke bei Spaziergängen nicht weiter als 20 m von ihr entfernt. Daher ruft sie Mücke immer, wenn diese über die 20-m-Marke hinausläuft, und belohnt sie fürs Kommen mit einem Leckerchen. Mücke kommt nach einigen Wochen zwar prima auf Ruf, läuft aber immer wieder weiter als 20 m weg.

Beispiel 6

Benny, ein ehemaliger Tierheimhund und seit 6 Wochen im neuen Zuhause, hat große Angst vorm Autofahren. Obwohl seine neuen Besitzer zu Übungszwecken täglich 10 Minuten mit ihm fahren, dabei sehr freundlich mit ihm umgehen und ihm viele Leckerchen anbieten, wird es immer schlimmer. Mittlerweile verkriecht sich Benny schon, wenn man ihm das Halsband umlegen will, und stemmt die Beine in den Boden, sobald er glaubt, dass man mit ihm Richtung Auto gehen will. Leckerchen nimmt er dann auch gar nicht mehr an.

Viele Hunde fühlen sich in einer Hundebox beim Autofahren wohler und sicherer.

▸ Beispiel 7

Cora wird zum Blindenführhund ausgebildet. Sie soll lernen, eine Sitzgelegenheit anzuzeigen. Der Ausbilder stellt einen einzigen Stuhl in den Raum. Dann geht er mit Cora an der Leine hinein und beginnt an der Tür, die Leine sehr straff nach oben zu ziehen. Je näher er dem Stuhl kommt, desto mehr verringert er den Zug an der Leine. Am Stuhl angekommen ist die Leine wieder locker und Cora wird gelobt. Auch Charly wird zum Blindenführhund ausgebildet. Seine Ausbilderin legt ein Leckerchen so auf den Stuhl, dass Charly es sieht. Natürlich läuft er hin, wird gelobt und darf das Leckerchen fressen. Bald liegt kein Leckerchen mehr auf dem Stuhl, aber Charlys Ausbilderin lobt ihn und gibt ihm ein Leckerchen aus der Tasche, wenn er zum Stuhl geht.

▸ Beispiel 8

Hier eine Reihe verschiedener Möglichkeiten, dem Hund »Sitz« beizubringen:

a) Man hält dem Hund ein Leckerchen über den Kopf – setzt er sich, lobt man ihn und er bekommt es.

b) Man hält mit einer Hand das Halsband und drückt mit der anderen Hand das Hinterteil des Hundes zu Boden. Gibt er nach, wird er gelobt und bekommt ein Leckerchen.

c) Der Hund befindet sich auf einem Tisch, kann also nicht weg. Man kneift ihm leicht, aber unangenehm, von oben in die Kruppe. Setzt er sich, lobt man ihn mit Worten.

d) Der Hund steht vor einem, man tritt dicht an ihn heran. Setzt er sich, geht man einen Schritt rückwärts von ihm weg und lobt ihn.

e) Man beobachtet, in welchen Situationen sich der Hund von selbst hinsetzt. Setzt er sich, wird er gelobt (oder man clickt) und er bekommt ein Leckerchen.

▸ Beispiel 9

Szenen auf einem Hundeplatz. Die Hunde sollen lernen, in sitzender Position zu bleiben, während ihre Hundeführer sich entfernen. Man kann verschiedene Vorgehensweisen beobachten:

a) Z geht 10 m von seinem Hund Zero entfernt. Zero steht auf und schnüffelt am Boden. Z geht zu Zero, fasst dessen Halsband, sagt »Nein!« und gibt ihm einen Ruck. Dann führt er ihn zurück und beginnt die Übung von vorn.

b) Y steht 10 m von Yago entfernt. Yago ist mit einer leichten Leine an einen Baum gebunden. Yago erhebt sich. Y ruft »Nein!« und bewegt sich auf Yago zu. Yago wird von der Leine gestoppt und setzt sich wieder hin. Y lobt verhalten und geht auf seinen Platz zurück.

c) X steht 10 m von Xenia entfernt. Xenia erhebt sich. X ruft sofort »Sitz!« Xenia setzt sich wieder hin, X lobt sie.

d) W steht 3 m von Winnie entfernt. Winnie erhebt sich. W geht auf sie zu. An der Stelle, an der sie sich treffen, bringt er Winnie mit »Sitz« zum Sitzen, gibt ihr ein Leckerchen und geht wieder 3 m von ihr weg.

e) V steht 1 m von Valko entfernt und hat Valkos Leine in der Hand. Valko erhebt sich. V sagt freundlich »Schade!« und stoppt Valko sanft, aber schnell mit Hilfe der Leine, ehe dieser sich von seinem Platz entfernen kann oder die Gelegenheit hat herumzuschnuppern. Danach beginnt V die Übung von vorn.

f) U steht 10 m von Ursus entfernt. Ursus steht auf. U sagt freundlich »Schade!«, geht schnell zu Ursus und führt ihn wieder auf seinen Platz. Danach beginnt U die Übung von vorn, entfernt sich aber diesmal nur 5 m von Ursus.

▸ Beispiel 10

In der Welpengruppe: der Gruppenleiter hält den Welpen fest. Der Besitzer entfernt sich ein Stück und ruft. Der losgelassene Welpe rennt zum Besitzer und wird dort herzlich und mit viel Lob und Streicheln empfangen.

Endlich wieder vereint! Welchem Schema folgt dieser Lernvorgang?

Belohnung und Motivation

Belohnung und Motivation

23 ▸ Arbeiten mit konditionierten Verstärkern
24 ▸ Der Clicker
26 ▸ Futter und Leckerchen
28 ▸ »Mein Hund nimmt keine Leckerchen!«
32 ▸ Spiel und Spielzeug
33 ▸ Spielzeug wiederbringen
33 ▸ Spielzeug ausgeben
34 ▸ Spieldisziplin
34 ▸ Spiel als Verstärker
35 ▸ Flow
37 ▸ Zuwendung und Körperkontakt
39 ▸ Tätigkeiten als Belohnung
40 ▸ Den Hund zum Kommen motivieren

23 ▸▸ Übung 1: Was mag Ihr Hund am liebsten?
25 ▸▸ Übung 2: Geschicklichkeit mit dem Clicker
28 ▸▸ Übung 3: Leckerchen-Hitparade
31 ▸▸ Übung 4: Leckerchen übergeben
32 ▸▸ Übung 5: Welcher Spieltyp ist Ihr Hund?
34 ▸▸ Übung 6: Übermotivations-Test
35 ▸▸ Übung 7: Viele Rückmeldungen geben
36 ▸▸ Übung 8: Körpersprache analysieren
37 ▸▸ Übung 9: Rollentausch
39 ▸▸ Übung 10: Streicheln richtig einsetzen

All animals, except man, know that the principal business of life is to enjoy it – and they do enjoy it as much as man and other circumstances will allow.

Alle Tiere mit Ausnahme des Menschen wissen, dass die wichtigste Aufgabe im Leben ist, es zu genießen. Und sie genießen es, soweit Menschen und andere Umstände es erlauben.

Samuel Butler

Wer sein Hundetraining hauptsächlich auf positive Verstärkung stützen möchte, muss sich eingehend mit dem Thema Motivation beschäftigen. Die Frage lautet: »Wie bringe ich meinen Hund dazu, dass er – wenn nötig – in (fast) jeder Situation bereitwillig das tut, was ich von ihm will?« Vieles kann für den Hund eine Belohnung (= ein positiver Verstärker, **kV+**) sein – nicht nur Leckerchen oder Spielzeug, sondern im Grunde alles, was er gerade im Moment haben oder tun möchte. Hier eine Auflistung:

- Futter/Fressen und Leckerchen
- Spielzeug und Spiel mit dem Sozialpartner
- Bewegung (vor allem rennen, ggf. klettern, springen, schwimmen ...)
- Flow (Aufgehen in einer Tätigkeit, Erfolgserlebnisse, »geistige« Anregung)

- Zuwendung vom Sozialpartner Mensch (Aufmerksamkeit, Lob, gemeinsames Tun, harmonisches Miteinander)
- Körperkontakt (streicheln, anschmiegen)
- erkunden (schnüffeln, etwas beobachten)
- Sicherheit (z.B. weggehen aus Stresssituation)
- Ruhe (Pause, in Ruhe gelassen werden, schlafen)
- rassespezifisches Verhalten ausleben können (z.B. hüten, apportieren, Fährten suchen usw.)
- und natürlich Sex.

Spielzeug kann ein wirksamer positiver Verstärker sein, regt aber manche Hunde zu sehr auf.

Nicht alle diese Dinge lassen sich zur positiven Verstärkung einsetzen, aber mit etwas Fantasie doch viele. Voraussetzung ist natürlich, dass man den Zugang des Hundes dazu zumindest zeitweise kontrollieren kann. Der Hund sollte auch nicht allzu gierig auf den Verstärker sein, sonst kann er sich nicht konzentrieren. Versuchen Sie z.B. mal, einem hungrigen Labrador mit Fleischwurst »Platz-Bleib« beizubringen ... Heben Sie sich sehr »aufregende« Verstärker daher fürs Motivieren von bereits gut bekannten Übungen auf, z.B. für eine besonders schnelle und schwungvolle Ausführung.

Übung 1: Was mag Ihr Hund am liebsten?

1. Was mag Ihr Hund gern? Schreiben Sie alles auf, was Ihnen einfällt, ob fürs Training nutzbar oder nicht. Ihre Liste sollte mindestens 10 Posten umfassen und ziemlich detailliert sein (also z.B. nicht nur »spielen«, sondern wie und ggf. mit was Ihr Hund gern spielt).
2. Kreuzen Sie an, über was davon Sie Kontrolle haben oder haben könnten.
3. Fragen Sie sich nun zu jedem einzelnen Posten: In welcher Situation könnte ich es für welches erwünschte Verhalten als Verstärker nutzen?

Arbeiten mit konditionierten Verstärkern

Die deutliche Markierung des genauen Moments, in dem sich der Hund eine Belohnung (= einen Verstärker) verdient, ist in der Hundeausbildung von unschätzbarem Wert, da sie das Problem des Timings löst und das Training so wesentlich effektiver macht. Zum Markieren verwendet man einen konditionierten positiven Verstärker (**kV+**, siehe Seite 17). Ohne diesen ist es für den Hund oft sehr schwer zu durchschauen, wofür genau er die Belohnung bekommt. Zur Verwirrung trägt noch bei, dass wir alle sowieso unbewusst und daher unsystematisch **kV+** aussenden, nämlich das Rascheln der Leckerchen-Tüte, der Griff in die Tasche, ein bestimmter Gesichtsausdruck usw. »Definieren« Sie Ihrem Hund keine **kV+**, sucht er sich also selber welche, was natürlich zu viel Verwirrung und Frustration auf beiden Seiten führt. Ein weiterer Vorteil des **kV+** ist, dass die Motivation durch die deutliche Ankündigung des echten Verstärkers und die dadurch ausgelöste Vorfreude noch höher ist, als wenn man die Belohnung »einfach so« gibt.

Beim Arbeiten mit einem **kV+** gibt es ein paar Dinge zu beachten.

1. In der Regel konditioniert man den Hund auf den **kV+**, ehe man ihn im Training einsetzt, indem man dem **kV+** jeweils innerhalb von 1–2 Sekunden den echten Verstärker folgen lässt (ca. 10-mal).
2. Wichtig beim Konditionieren und beim weiteren Gebrauch: erst kommt der **kV+**, danach der Griff in die Leckerchentasche oder zum Ball. Der Hund soll außer dem **kV+** keine weiteren Hinweise darauf bekommen, dass er gleich eine Belohnung erhält. Sonst achtet der Hund vor allem auf diese ihm bereits bekannten Hinweise und der **kV+** verliert an Wirkung. Hektik ist auch gar nicht nötig, denn beim Arbeiten mit einem **kV+** ist das Timing des **kV+** wesentlich wichtiger als das des folgenden echten Verstärkers.
3. Der **kV+** beendet in der Regel zunächst das Verhalten des Hundes, d.h. er wird seine momentane Tätigkeit abbrechen, sobald er den **kV+** hört, um die Belohnung »abzuholen«. Das schadet dem Lernprozess jedoch nicht. Man kann ihn auch daran gewöhnen, dass er Tätigkeiten wie »Bleib« und Bei-Fuß-Gehen nach dem **kV+** weiterführt (siehe Seite 30).
4. Manche Trainer geben nach dem **kV+** nicht jedes Mal einen echten Verstärker. Der **kV+** ist dann jedoch nicht so hochwertig für den Hund. Ich verwende deswegen verschiedene **kV+**: nach dem Click oder »Fein« gibt es jedes Mal einen Verstärker, nach dem »Brav« nur ab und zu. Meine Hunde reagieren deshalb auf das »Brav« wesentlich weniger begeistert, aber auch weniger erregt, was durchaus oft erwünscht ist.

▸ Der Clicker

Warum muss es ausgerechnet ein Clicker sein? Warum reicht nicht ein Wort wie »Fein«? Ganz einfach: weil der Clicker besser geeignet ist als ein Wort oder anderes Geräusch. Man vermutet, dass ein plötzliches, scharfes Geräusch, wie der Clicker es verursacht, direkt vom Hirnstamm verarbeitet wird, ohne den umständlichen und

Übung 2: Geschicklichkeit mit dem Clicker

Damit der Clicker Ihnen nicht als lästige Schikane statt als nützliche Hilfe erscheint, machen Sie sich am besten zuerst außerhalb des Trainings damit vertraut.

▶ Clickern Sie ohne Hund ein bisschen herum, mal mit der linken, mal mit der rechten Hand. Halten Sie den Clicker wie nebenbei, nicht als ob Sie eine Fernbedienung in der Hand hätten.

▶ Clicken Sie z.B., wenn sich beim Fernsehen die Kameraperspektive ändert, ein Auto über den Zebrastreifen fährt oder ein Vogel am Futterhaus landet.

▶ Tragen Sie den Clicker in der Tasche herum. Greifen Sie ab und zu hinein und nehmen ihn ohne hinzugucken richtig herum in die Hand.

▶ Probieren Sie, den Clicker zusätzlich z.B. zu Leine oder Leckerchen in der Hand zu halten.

▶ Konditionieren Sie nun Ihren Hund auf den Clicker. Am besten geht das in einem Raum ohne Ablenkungen und mit einer Schüssel Leckerchen auf dem Tisch. Clicken Sie einfach ab und zu und geben ihm danach so schnell wie möglich ein Leckerchen, egal ob er auf das Geräusch reagiert hat oder nicht. Nach wenigen Wiederholungen wird er Sie nach dem Click erwartungsvoll angucken.

▶ Eine einfache und nützliche erste Clicker-Übung: spontanen Blickkontakt verstärken. Warten Sie einfach, bis Ihr Hund Sie von sich aus zufällig anschaut (oder wenigstens in Ihre Richtung schaut): Click & Leckerchen. Schon bald wird er immer öfter schauen.

▶ Wenn Sie den Clicker fürs Formen verwenden wollen, üben Sie am besten zuerst mit ein paar menschlichen Freunden. Versuchen Sie, Ihren Spielpartner nur per Click dazu zu bekommen, z.B. die Türklinke anzufassen, aus dem Fenster zu sehen oder eine Kniebeuge zu machen. Mehr übers Formen und ein Beispiel fürs Formen einer Übung mit dem Hund finden Sie auf Seite 12.

Kündigt man eine Belohnung mit einem konditionierten positiven Verstärker an, versteht der Hund viel besser, wofür er sie bekommt.

längeren Weg über die Großhirnrinde zu nehmen. Dies sowie die Tatsache, dass man selbst den Clicker bewusster einsetzt und schneller den Daumen bewegen als ein Wort aussprechen kann, könnte die vielfach bestätigte Beobachtung erklären, dass Hunde dieselben Aufgaben mit einem Clicker als **kV+** besser und schneller lernen als mit einem anderen **kV+**. Frei nach Heinz Rühmann könnte man daher sagen: »Man kann ohne Clicker trainieren (im Original: ohne Hund leben), aber es lohnt sich nicht.« Wenn Sie Zweifel haben, probieren Sie es am besten einfach selbst aus.

Futter und Leckerchen

Unter Leckerchen verstehe ich Futter, das deutlich schmackhafter ist als das normale tägliche Futter. Dass es gegenüber der Verwendung von Leckerchen oder Futter beim Hundetraining immer noch so viele Vorbehalte gibt, liegt vermutlich auch daran, dass sie oft falsch eingesetzt werden. Man erhält dann natürlich nur ein mickeriges Ergebnis, welches das eigene Vorurteil zu bestätigen scheint. Dabei sind Leckerchen in der Hundeausbildung eine Art »Zaubermittel«. Man macht es sich nur unnötig schwer, wenn man sie aus »ideologischen« Gründen ablehnt.

Diese Leckerchen sind an sich zu groß und zu trocken, können aber zum Werfen und evtl. als Jackpot genutzt werden.

Normales Futter ist als Belohnung meist nicht attraktiv genug, es sei denn, man verknappt es künstlich (= Deprivation). Zwar ist es besser für die Motivation, wenn dem Hund nicht ständig Futter zur freien Verfügung steht. Ihn dauernd richtig hungrig zu halten, ist allerdings nicht sehr nett und gerade bei Problemverhalten auch nicht unbedingt zu empfehlen, denn Hunger kann ganz schön gereizt machen. Das tägliche Futter findet daher normalerweise im Hundetraining nur vorübergehend und bei besonderen Problemen Verwendung, z.B. wenn man den Hund eine Zeit lang so häufig mit Futter belohnen muss, dass es ungesund für ihn wäre, wenn dies in Form von Leckerchen geschehen würde, oder man ihn in ein stärkeres Abhängigkeitsverhältnis zum Menschen bringen will. Dafür muss er sich dann z.B. ein paar Wochen lang die ganze Tagesration (oder den größten Teil davon) durch Gehorsam und Kooperation mit dem Menschen erarbeiten. Außerdem kann man die Tagesration auch noch als Jackpot benutzen, um eine Problemübung zu verbessern. Man kann z.B. das Futter in einer Dose mit auf den Spaziergang nehmen und den Hund dann gelegentlich mit der ganzen Mahlzeit belohnen, wenn er auf Ruf kommt.

Nun zu den Leckerchen. Ein gutes Leckerchen erfüllt folgende Kriterien:

1. Es schmeckt dem Hund sehr gut. Sonst hat er von Anfang an kein Interesse daran. Ein unbeliebtes

Leckerchen ist schlechter als gar keines, da es eine Enttäuschung darstellt.

2. Es schmeckt dem Hund nicht zu gut. Sonst ist er allzu gierig und zu ungeduldig und kann sich nicht mehr konzentrieren.
3. Es ist klein. Sonst braucht der Hund zu lange zum Fressen und ist zu schnell satt, falls man ihn mal innerhalb einer kurzen Zeitspanne sehr oft belohnen will oder muss.
4. Es ist nicht zu klein. Winzige Fitzelchen sind schwer auszuliefern und manchmal für den Hund auch nicht wertvoll genug, um sich wirklich dafür anzustrengen. Und auch beim Locken oder Werfen von Leckerchen hat man mit mikroskopisch kleinen Bröckchen Probleme.
5. Es ist eher feucht als trocken. Sonst bekommt der Hund zu schnell Durst und krümelt zu viel herum.
6. Es ist nicht zu feucht. Sonst klebt es an den Fingern und in der Tasche und man kann es ebenso schlecht ausliefern wie ein zu kleines Leckerchen.
7. Es ist nicht immer das Gleiche. Sogar das Lieblingsleckerli des Hundes kann mit der Zeit langweilig werden. Manche Hunde arbeiten zwar monatelang für dieselben Leckerchen, aber viele schätzen auch Abwechslung.
8. Es ist so untergebracht, dass der Hund es nicht dauernd sehen kann, man es ihm aber blitzschnell geben kann.
9. Manchmal bewegt es sich oder muss gesucht werden.
10. Häufig wird es da gegeben, wo man den Hund bei der Übung als Nächstes haben möchte.

Von ungezuckertem Popcorn, Knäckebrot und Apfelschnitzen bis hin zu Leberwurst, Welpentrockenfutter und getrockneten Hühnerherzen kann alles Verwendung finden, was Ihr Hunde-

Bekommt der Hund während des Trainings sehr viele Leckerchen, sollte man seine Futterration entsprechend reduzieren.

Azubi mag und ihn in die passende »Arbeitsstimmung« versetzt. Der Fantasie sind dabei keine Grenzen gesetzt. So kann man z.B. Wurst- oder Käsewürfel unter Trockenfutter mischen, sodass es mehr »Aroma« bekommt und für mehr Abwechslung gesorgt ist. Wurst- oder Käsestückchen kann man übrigens auch an der Luft oder im Backofen trocknen, damit sie in der Tasche nicht so fettig sind. Leberwurst, Dosenfutter, Frischkäse usw. können Sie in eine leere Tube (aus dem Outdoor-Laden) füllen und den Hund kurz daran »nuckeln« lassen. Auch handelsübliche Leckerchen in Streifenform werden von vielen Hunden sehr gern genommen und man kann sie problemlos je nach Bedarf in verschieden große Stücke reißen.

Übung 3: Leckerchen-Hitparade

Machen Sie eine Liste von mindestens 10 verschiedenen Leckerchen, die Ihr Hund mag. Versuchen Sie dann, sie in eine Rangfolge zu bringen. Wenn Sie nicht ganz sicher sind, fragen Sie Ihren Hund. Dazu legen Sie jeweils 3 verschiedene Leckerchen im Abstand von ca. 15 cm hin, während Ihr etwa 1 m entfernter Hund zuguckt (er muss »Sitz« machen oder wird angebunden oder von einem Helfer festgehalten). Dann darf er fressen gehen. Notieren Sie, in welcher Reihenfolge er die Leckerchen frisst. Wiederholen Sie den Test mehrfach, wobei Sie die fraglichen Leckerchen jeweils in anderer Reihenfolge auslegen. Wenn Ihr Hund immer das erstbeste Leckerchen zuerst frisst, bedeutet das, dass er mehr auf Quantität als auf Qualität steht. So oder so wird er den Test lieben!

Das normale Leckerchen ist für einen großen Hund ca. $1/4 – 1/2$ Kubikzentimeter groß, für einen kleinen Hund halb so groß. Ein paar größere Stücke zum Locken, als Jackpot oder zum Werfen befinden sich am besten auch in Ihrer Tasche. Apropos Tasche: Leckerchen in Plastiktüten oder in engen Jeanstaschen sind absolut »tödlich« fürs Hundetraining, da es viel zu lange dauert, sie herauszuholen. Leckerchen beim Training ständig in der Hand zu halten, ist aber auch nicht empfehlenswert, denn Ihr Hund verknüpft das Üben sonst vermutlich mit der sichtbaren Anwesenheit von Leckerchen und streikt später, wenn dieser Anreiz fehlt. Eine Ausnahme stellen Anfängerhunde dar, deren Konzentrationsfähigkeit noch gering ist (z.B. Welpen), oder auch Situationen mit großer Ablenkung.

Als Behältnis für Leckerchen bieten sich Gürteltaschen oder weite Taschen von Jacken und Anoraks an. Es gibt auch praktische Leckerchen-Beutel mit Clip für Gürtel oder Hosenbund, die man mit einem Griff öffnen und wieder verschließen kann. Leider sind sie ziemlich teuer. Eine billige Alternative ist ein leerer Joghurtbecher o.ä. in der Gürtel- oder Jackentasche. Man kann gut hineingreifen und auch feuchte oder fettige Leckerchen darin transportieren. Freilich regnet es dann leicht einmal Leckerchen, wenn man sich bückt oder rennt …

Die Übergabe der Leckerchen an den Hund ist ein Thema für sich. Leckerchen vorsichtig zu nehmen, ist zum Teil eine Frage der Erziehung. Ist

Nicht einfach grapschen, sondern auf die Erlaubnis warten – gerade für Welpen eine nützliche Übung in Selbstbeherrschung.

»Mein Hund nimmt keine Leckerchen!«

Lebt er? Dann frisst er auch! Alle, wirklich alle Hunde sind mit Futter zu motivieren, und ich habe (manche Windhunde einmal ausgenommen) noch keinen Hund kennen gelernt, bei dem man »sein Leben lang mit Fleischwurst in der Tasche« herumlaufen musste. Superleckerchen sind allenfalls in den ersten Wochen des Trainings nötig. Wenn Ihr Hund sich nicht für Leckerchen interessiert, haben Sie es wahrscheinlich noch nicht mit den richtigen versucht oder er ist insgesamt überfüttert. Andernfalls ist »keine Leckerchen nehmen« ein Alarmsignal, denn es bedeutet meistens, dass der Hund z.B. aufgrund von Umweltängsten in Dauerstress ist und deshalb nichts nehmen kann. Oder Sie haben ihn zu einem Spieljunkie erzogen, der sich nur noch für den nächsten Ball- oder Stöckchenwurf interessiert, was ebenfalls eine Form von Dauerstress darstellt. Sie müssten sowieso erst mal daran arbeiten, ehe an ein reguläres Training überhaupt zu denken ist. Lassen Sie sein Futter also nicht herumstehen. Versuchen Sie es mit gekochtem Hühnchenfleisch, Trockenfisch, getrockneter Leber oder Lunge, Pfannkuchen, Butterkeksen, Katzenfutter in Dosen. Notfalls lassen Sie tatsächlich anfangs vor dem Training ein oder zwei Mahlzeiten aus.

der Hund zu gierig und grob, bekommt er grundsätzlich nichts. Er darf Ihnen die Leckerchen normalerweise auch nicht aus der Hand winden, sondern bekommt sie nur, wenn Sie sie ihm deutlich reichen. Ist der Hund trotzdem immer wieder zu grob, ist er vielleicht allzu hungrig oder gierig, sodass er sich deshalb »vergisst«. Oder er ist durch Trainingsfehler (z.B. Druck, Überforderung, Hektik) oder andere Faktoren zu gestresst, um sich zu beherrschen. Wenn Sie Ihrem Hund oft Leckerchen aus der Hand geben, ohne sie durch einen konditionierten Verstärker (**kV+**) oder eine bestimmte Handhaltung deutlich anzukündigen, verknüpft er per klassischer Konditionierung ihm hingestreckte Hände mit Leckerchen und greift womöglich automatisch danach, was Kinder und Besucher erschrecken kann, die ihn begrüßen oder streicheln wollen.

Dasselbe kann natürlich auch bei anderen Arten der Leckerchen-Übergabe passieren. Z.B. bekommen viele Hunde die Leckerchen meistens, während sie ihrem Menschen gegenüberstehen oder -sitzen. Der Hund verknüpft diese Position mit der Erwartung von Leckerchen, sodass er sich vor seinen Menschen setzt, sobald der ein Leckerchen herauszieht, oder z.B. automatisch aus der Fuß- in die Frontposition kommt, nachdem man ihm beim Bei-Fuß-Gehen mit einem **kV+** ein Leckerchen angekündigt hat. Sie können diese Tendenz wesentlich abmildern, indem Sie Ihrem Hund Leckerchen beim Training aus beiden Händen, an verschiedenen Orten und in verschiedenen Positionen geben und sie auch nicht immer an derselben Stelle Ihres Körpers bei sich tragen. Sie können aber auch gezielt mit dem Effekt arbeiten und Ihr Training so wesentlich verbessern und beschleunigen. Geben Sie Ihrem Hund dazu das Leckerchen je nach Übung an dem Ort, an dem Sie ihn gern haben möchten bzw. in der Position, die er möglichst einnehmen oder beibehalten soll. Einige Beispiele:

- Beim Voranschicken bekommt der Hund das Leckerchen immer am Ziel.
- Bei einer Bleib-Übung bekommt er es, während er noch in der Position ist (beim Platz auf dem Boden zwischen den Vorderpfoten). Oder Sie locken ihn mit dem Leckerchen wieder in die Position, falls er diese nach dem **kV+** oder beim Herausholen des Leckerchen verlassen hat.
- In der Grundstellung geben Sie es nicht vor Ihrem eigenen Körper, sondern so, dass er dabei gerade sitzt (geht) und nach vorn guckt.
- Hängt er beim Bei-Fuß-Gehen nach, bekommt er das Leckerchen sehr weit vorne; prescht er vor, weit hinten.
- Nach einer Agility-Hürde geben Sie das Leckerchen einen Meter hinter der Hürde, damit Ihr Hund sich nicht angewöhnt, sich sofort nach dem Hindernis zu Ihnen umzudrehen.

Um die Motivation zu steigern und die Attraktivität der Leckerchen zu erhöhen, können Sie sie außerdem über den Boden rollen oder zum Suchen ins Gras werfen. Das bringt Jagd- und Spielelemente mit in die Futterbeloh-

Übung 4: Leckerchen übergeben

Diese Übung dient dazu, Ihren Hund mit den verschiedenen Möglichkeiten der Leckerchen-Übergabe vertraut zu machen und selber eine gewisse Geschicklichkeit darin zu erwerben. Wenn Sie nicht so viele Leckerchen »für nichts« geben wollen, benutzen Sie das Trockenfutter Ihres Hundes. Sie können manche der Übungen natürlich auch ohne Hund machen. Er würde das jedoch sicher bedauern ...

1. Nehmen Sie einige Leckerchen in die linke Hand und füttern Sie sie Ihrem Hund schnell einzeln mit der rechten (und umgekehrt).

2. Nehmen Sie mehrere Leckerchen in die rechte/linke Hand und geben Sie Ihrem Hund eines nach dem anderen, ohne welche fallen zu lassen oder die andere Hand zu Hilfe zu nehmen.

3. Stellen Sie eine Schüssel mit Leckerchen auf einen Tisch. Locken Sie Ihren Hund, ohne ein ihm bekanntes Kommando zu geben, in eine Position (Sitz, Steh oder Platz). Füttern Sie ihm 10 Leckerchen einzeln, aber so schnell hintereinander, dass er sich nicht aus seiner Position bewegt. (Einmal mit der linken, einmal mit der rechten Hand.)

4. Wie 3., aber diesmal sitzen Sie auf dem Boden. Die Schüssel steht ca. 50 cm von Ihrem Hund entfernt ebenfalls auf dem Boden. Will er sich selbst bedienen, verhindern Sie dies, indem Sie die Hand über die Schüssel legen, sie wegziehen oder den Hund schnell zurückschieben.

5. Legen Sie eine Fußmatte ca. 2 m von sich entfernt auf den Boden. Werfen Sie nacheinander 10 Leckerchen auf die Matte. Alle 10 sollten treffen.

6. Werfen Sie Ihrem Hund Leckerchen so zu, dass er sie auffangen kann. Leichte, etwas größere und helle Leckerchen (z.B. Reissnacks) sind dafür gut geeignet. Zielen Sie auf die Stelle zwischen seinen Ohren und machen Sie beim Werfen eine lange Armbewegung. So kann Ihr Hund die Flugbahn besser »berechnen«.

7. Rollen Sie runde Leckerchen dicht über dem Boden von Ihrem Hund weg, sodass sie 1–3 m über den Boden kullern. Er sollte gut sehen können, wohin sie rollen. Auch hierbei ist eine lange Armbewegung günstig, etwa so wie beim Bowling.

8. Rollen oder werfen Sie die Leckerchen ins Gras oder Laub, sodass Ihr Hund sich daran gewöhnt, auch mit der Nase danach zu suchen.

nung ein und eignet sich daher gut als »Gegengewicht« zu »bewegten Ablenkungen« (Jogger, spielende Hunde, Wild, Vögel ...) oder um einen trägen Hund in Schwung zu bringen. Schnüffeln baut außerdem Stress ab, sodass es auch bei Problemverhalten wie Leinenaggression oft eine gute Sache ist, Leckerchen auf dem Boden zu geben. Übrigens: Ihr Hund wird dadurch nicht noch mehr ermuntert, alles Mögliche vom Boden aufzunehmen. Wenn überhaupt, wirkt das Werfen von Leckerchen dem entgegen. Anfangs kann es aber natürlich passieren, dass der Hund den Boden nach weiteren Leckerchen absucht.

Spiel und Spielzeug

Manche Hunde kann man mit Spiel und Spielzeug sehr motivieren. Das ist aber auch der Haken daran: der Hund ist durch die nahe »Beute« evtl. so erregt, dass er schwer zu kontrollieren ist und vor Aufregung auch nicht mehr viel lernt (= Übermotivation). Spiel in geordnete und zuträgliche Bahnen zu lenken ist daher nicht ganz leicht. Voraussetzung ist eine gewisse Spieldisziplin. Der Hund darf nicht grob werden, muss ansprechbar bleiben und das Spielzeug ohne Zögern und zu großen Frust jederzeit wieder hergeben. Er darf auch nicht einfach danach grapschen, sondern muss eingermaßen ruhig auf das Zeichen zum Spielbeginn warten. Außerdem sollte er das Spielzeug wiederbringen, wenn man es geworfen hat. Wenn Sie Spiel und Spielzeug im Training (mit) benutzen wollen, müssen Sie daher ein gewisses Vortraining durchführen.

Um das Spiel überhaupt interessant zu machen, spielen Sie ausgelassen, freudig und abwechslungsreich mit Ihrem Hund. Benutzen Sie bevorzugt Spielzeuge, die eine Schnur haben oder sich anderweitig zum Tauziehen eignen und die klein genug sind, um sie ganz in Ihrer Tasche verschwinden zu lassen. Beutetierähnliche Spielzeuge (eher weich, länglich, aus Stoff oder ähnlichem Material, evtl. mit Anhängseln) sind bei den meisten Hunden sehr beliebt. Spielzeug ist für den Hund Beute, und Beute bewegt sich. Sie rennt, zappelt, hoppelt, schlägt Haken, schleicht usw., und zwar überwiegend vom Hund weg. Bewegen Sie das Spielzeug mit den Armen, ziehen Sie

Übung 5: Welcher Spieltyp ist Ihr Hund?

Beobachten Sie Ihren Hund, während er mit Ihnen oder anderen Hunden spielt. Welche Spielarten und Spielzeuge bevorzugt er? Rennt er viel? Mag er Tauziehen? Spielt er lieber wild oder sanft? Lieber in engem Körperkontakt zum Spielpartner oder etwas auf Distanz? Mag er unvorhergesehene Bewegungen und Spielzüge oder liebt er Rituale? Wie ändern sich seine Vorlieben im Verlauf des Spiels oder je nach Tagesform? Wie zeigt er Ihnen evtl., was er jetzt gerne möchte? Wie lange darf das Spiel höchstens dauern, damit er nicht die Lust verliert oder überdreht und Anzeichen von Stress zeigt?

Unbewegtes Spielzeug ist langweilig. Es sollte wie ein kleines Beutetier über den Boden wuseln und vor dem Hund »fliehen«.

es mit einer Schnur über den Boden, drehen und wenden Sie sich, bewegen Sie sich selbst während des Spielens weiter, rollen oder werfen Sie das Spielzeug vom Hund weg.

▸ Spielzeug wiederbringen

Das Wiederbringen können Sie mit etwas Geschick aus dem Spiel heraus entwickeln. Lassen Sie beim Tauziehen plötzlich los und gehen Sie einen Schritt zurück. Viele Hunde rücken nach und drücken einem das Spielzeug sozusagen wieder in die Hand. Markieren Sie diesen Moment mit Ihrem **kV+** und spielen sofort danach intensiv weiter. Oder Sie werfen ein Spielzeug mit einer langen Schnur und postieren sich so, dass Ihr Hund auf dem Weg zu seinem bevorzugten »Spielzeuglagerplatz« an Ihnen vorbei muss. Kommt er vorbei, schnappen Sie das Ende der Schnur, markieren den Moment mit Ihrem **kV+** und spielen unmittelbar darauf sein Lieblingsspiel.

Lässt er das Spielzeug oft vorzeitig fallen, setzen Sie den **kV+** anfangs schon früher ein, nämlich wenn er mit dem Spielzeug im Maul zu Ihnen unterwegs ist. Da der Hund das Spielzeug nach dem **kV+** vermutlich fallen lassen wird, nehmen Sie anfangs ggf. ein zweites Spielzeug zum Bestätigen.

▸ Spielzeug ausgeben

Fassen Sie fürs Ausgeben das Spielzeug in einer etwas ruhigeren Spielphase sehr dicht an den Lefzen des Hundes. Halten Sie es dann so still wie möglich (bei großen Hunden mit beiden Händen packen und die Arme am Oberschenkel abstützen) und warten Sie ab. Die »Beute« fühlt sich nun »tot« an und wird uninteressant. Ihr Hund wird ganz allmählich seinen Griff lockern. In dieses Lockern hinein sprechen Sie leise, ruhig und freundlich einmal Ihr Wort für ausgeben. Lässt der Hund los, markieren Sie das mit Ihrem **kV+** und »aktivieren« das

Spielzeug sofort wieder. Auf diese Weise bekommen Sie ein zuverlässiges Ausgeben auch im wildesten Spiel auf ein leises Wort hin.

Spieldisziplin

Am Ende des Spiels oder in Pausen überlassen Sie dem Anfängerhund zur Motivationssteigerung das Spielzeug oder tauschen es gegen ein anderes, das er behalten kann, oder gegen ein Leckerchen. Beim fortgeschrittenen Hund nehmen Sie das Spielzeug an sich, richten sich auf und teilen dem Hund mit einem Signalwort und/oder einer Geste mit, dass das Spiel nun vorbei ist. Bellt Ihr Hund Sie an, ignorieren Sie ihn komplett und stecken das Spielzeug weg. Sollte er nach dem Spielzeug grapschen und Sie anspringen, dürfen Sie Ihr Verbotswort benutzen. Blocken Sie ihn ggf. mit der freien Hand ab und bleiben Sie sehr ruhig. Nicht das Spielzeug hinter dem Rücken verstecken oder sich wegdrehen, das ermuntert ihn erst recht! Es wird

Wenn Sie Spielzeug als Belohnung verwenden wollen, geht das nur, wenn Ihr Hund dabei kontrollierbar bleibt.

Übung 6: Übermotivations-Test

Voraussetzung: Ihr Hund kann »Platz« auf Signal. Geben Sie ihm im Spiel das Platz-Signal. Zählen Sie, wie lange es dauert, bis er ganz unten ist: **kV+** und Spielen. Wiederholen Sie den Vorgang 10-mal innerhalb kurzer Zeit. Wie reagiert Ihr Hund? Legt er sich immer schneller hin? Dann »verträgt« er eine gewisse Menge an Spielmotivation. Oder wird er immer aufgeregter, braucht immer länger, bis er ganz liegt, fängt gar an zu bellen, zu zwicken oder anzuspringen? Dann regt er sich zu sehr auf und Sie sollten ihn nur hin und wieder mit Spiel belohnen.

frühestens weitergespielt, wenn er sich vollständig beruhigt hat und Sie durch ein Signalwort und/oder eindeutige Körpersprache das Zeichen dazu geben, weiterzuspielen. Im Idealfall können Sie das Spiel so unter Kontrolle bringen, dass Ihr Hund sich »an- und abschalten« lässt: er ist in Erwartung des Spiels aufmerksam und konzentriert, aber äußerlich ruhig und diszipliniert, spielt auf ihr Zeichen hin begeistert und intensiv los und fährt ebenso schnell wieder herunter, wenn Sie das Spiel beenden.

Spiel als Verstärker

Ihr Hund muss nun noch lernen, dass Spiel eine Belohnung für das sein kann, was er tut. Geben Sie ihm im Spiel ein ihm bereits gut bekanntes

Signal, während Sie das Spielzeug gerade haben. Wundern Sie sich nicht, wenn es anfangs nicht besonders gut klappt. Ihr Hund muss mit seiner hohen Erregungslage klarkommen. Reagiert er wie gewünscht, markieren Sie dies mit Ihrem **kV+** und geben sofort danach das Zeichen zum Losspielen. Bauen Sie die Gehorsamsanteile dann allmählich aus.

Flow

Ganz in einer Tätigkeit aufzugehen ist ein beglückendes Gefühl und damit sehr motivierend, auch für Hunde. Ihr vierbeiniger Partner ist allerdings auf Sie angewiesen, um beim Training ein solches Flow-Gefühl zu erleben, denn es entsteht nur, wenn eine Tätigkeit genau das passende Anspruchsniveau hat, also nicht zu leicht und nicht zu schwer ist. Wenn Sie ein schlechter Trainer sind, kommen also weder Sie noch Ihr Hund in einen Flow-Zustand. Es sind – neben Über- oder Unterforderung – besonders zwei Dinge, die den Trainingsrhythmus besonders beeinträchtigen.

Erstens: die Kommunikation ist nicht »dicht« genug, es entstehen zu lange Pausen im »Gespräch« zwischen Mensch und Hund. Im Umkehrschluss heißt das auch: der Mensch ist viel zu langsam und langweilig für den Hund. Gute Hundetrainer geben dem Hund daher viele Rückmeldungen pro Zeiteinheit.

Zweitens: der menschliche »Tanzpartner« ist zu trampelig. Hunde empfinden wohl ähnlich wie Menschen beim Tanzen bei gut aufeinander eingespielten, perfektionierten gemeinsamen Bewegungen (Bei-Fuß-Gehen, Dogdancing, Agility usw.) ein Flow-Gefühl, denn all das ähnelt der Rudeljagd, bei der es ja auch darauf ankommt, sich koordiniert miteinander zu bewegen.

Übung 7: Viele Rückmeldungen geben

Lassen Sie sich von jemandem filmen/genau beobachten, während Sie 3 Minuten lang etwas relativ Neues mit Ihrem Hund üben. Zählen Sie (oder Ihr Beobachter), wie viele Rückmeldungen aller Art Sie Ihrem Hund in dieser Zeiteinheit geben (also z.B. konditionierte positive Verstärker **kV+** oder konditionierte negative Bestrafung **kS-**, Lob, Belohnungen, Hinweise über deutliche Körpersprache, Abblocken von Fehlverhalten des Hundes usw.). Vielleicht können Sie und Ihr Beobachter sich ja auch gegenseitig beim Training beobachten, um einen Vergleich zu haben. Falls Sie große Unterschiede in der Kommunikationsdichte finden und es die Hunde nicht zu sehr stresst, tauschen Sie doch einmal die Hunde und beobachten Sie, wie Ihr Hund bei einem Trainer mit anderer Rückmeldungsquote reagiert. Achten Sie darauf, bei welchem Trainer der Hund mehr Stresssignale zeigt – wahrscheinlich bei dem, der weniger Rückmeldungen gibt.

Schon ein kleiner versehentlicher Zusammenstoß, wie er Katrin und Shakira vermutlich gleich passieren wird, beeinträchtigt den Hund sehr.

Übung 8: Körpersprache analysieren

Lassen Sie sich filmen, wie Sie mit Ihrem Hund mit sehr vielen rechten Winkeln Bei-Fuß-Gehen oder eine Acht um zwei Kegel machen, die etwa 2 m auseinander stehen. Achten Sie beim Betrachten des Videos auf Zeichen von Stress oder Beschwichtigungsversuche Ihres Hundes nach eventuellen (Beinahe-)Zusammenstößen. Alternativ: beobachten Sie andere Mensch-Hund-Teams bei ähnlichen Übungen.

Stockt dieser angenehme Fluss, weil der Mensch ihn durch falsche Körpersprache oder Ungeschicklichkeit empfindlich stört, kommt beim Hund großer Frust auf. Kein Wunder, dass mancher Agilityhund seinen ungeschickten Menschen dann »ausschimpft« (= Stressbellen).

Hinzu kommt noch, dass Hunde auch kleine Rempler schnell als sehr stressig, da feindselig, erleben, denn Hunde verwenden untereinander ähnliche »Gesten«, um sich rabiat durchzusetzen oder einen Kampf zu provozieren. Daher reagieren Hunde auf kleine Zusammenstöße mit ihrem Menschen, z.B. beim Bei-Fuß-Gehen oder Agility, häufig mit Calming signals (siehe Seite 83). Der Hund weicht vielleicht direkt nach so einem Rempler ab, hängt nach, vermeidet den Blickkontakt oder schnuppert am Boden, worauf sein Mensch ihn leider oft mit noch mehr Bedrohung (Gemecker, Leinenrucken, scharfen Kommandos ...) traktiert. Passiert so etwas beim Bei-Fuß-Gehen zu oft, wird der Hund immer öfter hinter seinem »unberechenbaren« Menschen bleiben, wo er vor solchen Unannehmlichkeiten sicher ist. Im Hundesport ist das höchst unerwünscht, aber manche Trainer verwenden die Taktik, um den Hund durch gezielte Einschüchterung leinenführig zu machen.

So können Sie Beeinträchtigungen Ihres Hundes durch irreführende oder bedrohliche Körpersprache vermeiden:

- Zeigen Sie die Laufrichtung beim Bei-Fuß-Gehen oder Agility mit Ihrer Körperachse (Schulterpartie) an, nicht durch Herumfuchteln mit den Armen.
- Nehmen Sie zum Zeigen beim Agility oder zum Locken beim Bei-Fuß-Gehen jeweils die Hand »auf der Hundeseite«. Wenn Sie die »gegenüberliegende« Hand benutzen, ist das nämlich aufgrund der verdrehten Körper-

Übung 9: Rollentausch

Machen Sie einen Paarlauf mit einem menschlichen Partner. Einer von beiden führt, einer spielt den Hund. Fürs Bei-Fuß-Gehen können Sie eine ca. 50 cm lange Leine zwischen sich halten. Falls Sie nicht so sportlich sind wie Ihr Hund, legen Sie beim »Agility« die Hindernisstangen auf den Boden. Sie werden staunen, wie schwierig es als »Hund« ist, sich den Bewegungen Ihres Partners rechtzeitig anzupassen, vor allem, wenn es schnell gehen soll.

achse sehr verwirrend für Ihren Hund und Sie werden ihn dauernd vor den Füßen haben.

- Warnen Sie den noch unerfahrenen Hund vor abrupten Richtungswechseln durch ein Geräusch und drehen Sie Ihre Schulterpartie früh in die neue Richtung (Tipp: in die neue Richtung schauen, dann kommt das automatisch).
- Drehen Sie sich in Winkeln, engen Bögen und bei Kehrtwendungen nicht auf der Stelle, sondern machen Sie mehrere kleine Schritte, damit Ihr Hund etwas Zeit hat, sich auf den Richtungswechsel einzustellen.
- Drehen Sie sich beim Bei-Fuß-Gehen nicht zu Ihrem Hund um, sonst signalisieren Sie ihm durch »drohende« Körpersprache, dass er hinter Ihnen bleiben soll.
- Beugen Sie sich beim »Sitz-«/ «Platz-« Üben nicht über den Hund und starren Sie ihn nicht an.

Zuwendung und Körperkontakt

9 von 10 Hundehaltern meinen, sie müssten ihren Hund zur Belohnung streicheln. 99 von 100 Hunden wen-

Anja (links) führt Josy mit der linken Hand gerade die Schrägwand hinunter. Britta (rechts) führt mit der rechten Hand, wodurch Quinta sich zu sehr zu ihr hinwendet. Sie könnte daher seitlich abspringen oder nach dem Hindernis vor Brittas Füße geraten.

Diese Art von Körperkontakt gefällt offensichtlich beiden Teampartnern.

den sich daraufhin genervt von ihrem Menschen ab und konzentrieren sich nicht mehr. Sicher mögen sie ihre Menschen und lassen sich auch gern mal knuddeln – aber nicht bei der Arbeit! Dazu kommt noch, dass die Gesten, mit denen wir Menschen üblicherweise Zuneigung und Anerkennung ausdrücken – nämlich umarmen, Nähe, enger Körperkontakt, über den Hund beugen, »greifen« mit den Händen (= streicheln) –, in der Hundesprache Dominanz- oder gar Drohgesten sind. Sicher versteht Ihr Hund, dass Sie »es nicht so meinen«, und Sie dürfen ihn daher gelegentlich umarmen, wenn Sie es brauchen. Wollen Sie ihm aber etwas Gutes tun, verzichten Sie zumindest »bei der Arbeit« darauf. Oder probieren Sie es mit Gesten, die unter Hunden Freundlichkeit ausdrücken. Beliebt sind bei manchen Hunden lange feste Striche oder flüchtige kleine Stupser an der Flanke. Berühren Sie Ihren Hund in leicht abgewandter Haltung und mit ausgestrecktem Arm, um ihm nicht zu sehr auf die Pelle zu rücken. Gehen Sie ggf. auf seine Höhe hinunter, aber ohne sich über ihn zu beugen (z.B. in die Hocke gehen). Bewegen Sie sich nach dem Streicheln von ihm weg. Laden Sie ihn dabei ruhig mit Stimme, Bewegung und Lächeln ein, sich weiterstreicheln zu lassen, aber akzeptieren Sie es, wenn er nicht möchte. Diese Art von Berührungen ähnelt dem Umeinanderlaufen der Wölfe vor dem Aufbruch zur Jagd oder dem »sich gegenseitig beglückwünschenden Verhal-

Übung 10: Streicheln richtig einsetzen

Wenn Sie nicht glauben wollen, dass Ihr Hund Streicheleinheiten beim Üben nicht mag, lassen Sie sich dabei filmen oder achten Sie einfach so auf Folgendes: Wo guckt Ihr Hund hin, während Sie ihn streicheln? Bleibt er bei Ihnen oder zieht er sich weg? Kommt er näher, wenn Sie aufhören, und will mehr oder verdrückt er sich möglichst schnell? Zeigt er womöglich vermehrt Calming signals oder gar Stresssignale (siehe Seite 81, 83)? Probieren Sie evtl. verschiedene Arten von Berührung aus. Ihr Hund »sagt« Ihnen deutlich, ob und wie er beim Training gestreichelt werden möchte.

ten«: Hunde, die zum Beispiel gerade gemeinsam einen »Feind« verscheucht haben, knuffen sich auf dem Rückweg manchmal freudig-erregt, so wie sich Menschen einander auf die Schulter klopfen.

Mit der Stimme können Sie Ihren Hund durchaus erfreuen, vorausgesetzt Sie bekommen ein relativ hohes Quietschen hin und benutzen es nicht übermäßig. Auch Hunde verwenden ein hohes Winseln für freudige und freundliche Kontaktaufnahme, und die Ähnlichkeit mit quietschender Beute spielt wohl auch eine Rolle. Kurzes, ehrliches Lob mit heller Stimme, dazu ein strahlendes Lächeln und ein paar Sekunden »action« kommen beim Hund als Belohnung oft viel besser an als streicheln.

Aufmerksamkeit durch den Menschen ist in für den Hund langweiligen Situationen ebenfalls ein attraktiver Verstärker. Mit Zuwendung im wahrsten Sinne des Wortes (also sich für ein paar Augenblicke zum Hund drehen, ihn ansehen, ihm zulächeln oder zunicken, ein paar freundliche Worte sprechen) können Sie Ihren Hund also wirksam dafür belohnen, dass er z.B. im Restaurant oder an der Leine bei einem Schwätzchen mit dem Nachbarn ruhig wartet. Das Problem ist, dass dem Hund in solchen Situationen unfreundliche Aufmerksamkeit lieber ist als gar keine. Die Gefahr, lästiges Verhalten wie z.B. ungeduldiges Winseln unbewusst zu verstärken, indem man sich daraufhin – wenn auch unfreundlich – dem Hund zuwendet, ist daher groß. Falls Sie bereits Probleme damit haben, lesen Sie auf Seite 63 nach.

Tätigkeiten als Belohnung

Viele Hunde scheinen es zu genießen, nur herumzuspazieren und sich alles »anzusehen« (bzw. alles zu beschnüffeln), ähnlich wie ein Mensch bei einem Schaufensterbummel. Haben Sie

Schnell zu rennen ist für viele Hunde ein Genuss in sich und damit eine attraktive Belohnung.

so einen Hund, können Sie ggf. kurzen Freilauf oder bummeln lassen an der langen Leine als Verstärker nutzen – am besten angekündigt durch einen konditionierten positiven Verstärker **kV+**, damit Ihr Hund den Zusammenhang mit seinem Tun begreift.

Auch schnell zu rennen ist für viele Hunde ein Genuss an sich. Beim Abrufen über weite Strecken wird der Hund z.B. durch die Lust am Rennen praktisch automatisch fürs Kommen motiviert. Wollen Sie Bewegung als Verstärker nutzen, machen Sie unmittelbar nach dem konditionierten positiven Verstärker **kV+** ein paar schnelle Schritte vom Hund weg. Ermuntern Sie ihn dabei durch Stimme, Gesichtsausdruck und Gesten, mitzukommen. Holt er Sie ein, bekommt er evtl. noch ein Leckerchen oder Spielzeug. Oder rennen Sie einfach ein Stück mit ihm. Klettert, springt oder balanciert Ihr Hund gern, können Sie auch das als Verstärker nutzen: geben Sie ihm anstelle des **kV+** oder unmittelbar danach das Signal für seine »Lieblingsturnübung«.

Falls Ihr Hund einer Arbeitsrasse angehört, ist bereits das Ausführen dieser Arbeit für ihn eine sehr große Belohnung. Nicht selten führt das zu Konflikten mit der Umwelt, wenn etwa der Hütehund Autos statt Schafe »hütet« oder der Wachhund lautstark den handtuchgroßen Vorgarten bewacht. Gelegentlich kann man solche Tätigkeiten aber auch als Verstärker nutzen. Hütehunden kann man z.B. leicht beibringen, auf Kommando Bäume, Stühle usw. zu umkreisen, da es ihrem angeborenen »Programm« entspricht. Viele machen es dann so gern, dass man es als Belohnung und zur Motivationssteigerung nutzen kann.

Sex kommt als Belohnung in der Regel nicht in Frage. Es ist aber möglich zu erreichen, dass Rüden beim Geruch einer läufigen Hündin besser als sonst mitarbeiten, wenn man sie im Training öfter mal zur Belohnung ein Weilchen »flirten« lässt.

Den Hund zum Kommen motivieren

»Komm« ist mit Sicherheit das für Sie wichtigste Signal im Zusammenleben mit Ihrem Hund – und ein Prüfstein dafür, ob Sie es verstehen, ihn zu motivieren. Denn warum sollte Ihr Hund (immerhin ein Tier mit eigenen Bedürfnissen) jederzeit alles stehen und liegen lassen, was ihm wichtig ist, wenn Ihr Rufen ihn nicht jedes Mal begeistert?

Der Rückruf besteht aus zwei verschiedenen Anteilen. Ihr Hund soll 1. auf dem Absatz kehrtmachen und auf Sie zurennen, so schnell er kann, und 2. falls nötig dicht herankommen und sich problemlos von Ihnen ergreifen lassen. Punkt 1 ist viel schwerer zu erreichen. Machen Sie ihn sich nicht unbedacht kaputt, indem Sie zu früh zu viel Wert auf Punkt 2 legen!

Was Sie vermeiden sollten:

- Strafen, schimpfen oder auch nur unwirsch oder gereizt sein, wenn er zu Ihnen kommt (= positive Bestrafung **S+** oder konditionierte positive Bestrafung **kS+**).

Üben Sie das Kommen unbedingt schon beim Welpen oft und mit hoher Motivation, noch ehe die »Flegelphase« beginnt.

- Ihn immer sofort anleinen. Das unangenehme Gefummel mit Drüberbeugen und zu sich ranziehen ist **S+**, die »Freiheitsberaubung« eine negative Bestrafung **S-**.
- Frontal auf ihn zugehen, wenn er näher kommt, und nach ihm greifen (= **S+** oder **kS+**, da bedrohliche Körpersprache).
- Ihn immer sofort »Sitz« machen lassen. Sogar wenn er gut und gern »Sitz« macht, geht die geforderte Disziplin auf Kosten der Motivation. Ansonsten erwartet ihn nach dem Kommen noch eine unangenehme Forderung (in Form von negativer Verstärkung **V-**).
- Drohend oder mit Kommandostimme rufen (= **kS+**).
- Zigmal rufen, obwohl er doch nicht »hört« (ruiniert die Signalkontrolle).
- Zu oft rufen. Das dauernde Unterbrochenwerden bei eigenen Tätigkeiten macht eigenständige Hundetypen nicht willfährig, sondern widerwillig, zumal man bei ihnen oft auch keine wirklich hohe Motivation erreichen kann. Belohnen Sie ggf. besser jedes spontane Kommen.

Was Sie stattdessen tun sollten:

- Finden Sie heraus, was Ihren Hund in schnelle und freudige Bewegung auf Sie zu versetzt. Werfen von Leckerchen oder Spielzeug (in seine Laufrichtung werfen, sodass er um »Beute« zu machen ungebremst an Ihnen vorbeirennen kann)? Die Erwartung eines Superleckerchens oder Zerrspiels mit Ihnen? Oder dass er weit von Ihnen weg ist oder Sie schnell wegrennen?
- Lösen Sie das Verhalten aus. Clicken Sie (oder benutzen einen anderen konditionierten positiven Verstärker **kV+**), sobald Ihr Hund anfängt, auf Sie zu zu rennen. Loben und ermuntern Sie ihn unterwegs mit heller Stimme und eigener Bewegung (»Hejejejej!« o.ä. rufen, dazu Händeklatschen, Spielzeug oder Leckerchen schwenken, auf und ab hüpfen o.ä.).
- Belohnen Sie ihn mit dem, was er am liebsten mag/tut, wenn er ankommt bzw. evtl. an Ihnen vorbei-

Links: das »drohende«, starre Vorbeugen führt dazu, dass der Hund ausweicht und vorbeiläuft. Rechts: das bewegte Spielzeug in Verbindung mit Rückwärtslaufen zieht den Hund an.

rennt. Verzichten Sie aufs sofortige Ergreifen oder Anleinen.

- Haben Sie eine gewisse Begeisterung für diese Tätigkeit erzeugt, rufen oder pfeifen Sie zusätzlich, direkt bevor Sie das Verhalten auslösen. Nach und nach können Sie das »Hejejejej« usw. etwas reduzieren oder manchmal erst damit anfangen, wenn Ihr Hund schon näher gekommen ist.
- Üben Sie parallel aus näherer Entfernung das Ankommen. Locken Sie Ihren Hund mit einer bestimmten Körperhaltung und einem Leckerchen in der Hand zu sich heran. Machen Sie Beschwichtigungssignale (Calming signals siehe Seite 83); (weggucken, sich von ihm wegdrehen), falls er sehr schüchtern erscheint. Clicken Sie (oder verwenden Sie einen anderen **kV+**), wenn er dicht bei Ihnen ist. Geben Sie ihm das Leckerchen und entfernen sich 1–2 Schritte von ihm. (Rückt er nach, können Sie die Übung gleich wiederholen – er soll sich Ihnen ruhig etwas aufdrängen.) Hat sich das eingespielt, fassen Sie erst in sein Halsband (ohne sich über ihn zu beugen oder ihn zu sich heranzuzerren!) und clicken dann. Danach loslassen und Leckerchen geben.
- Setzen Sie gelegentlich beide Übungsteile zusammen. Dabei können Sie zweimal clicken: beim Losrennen und beim Ankommen. Signalisieren Sie ihm, ob diesmal vorbeirennen oder herankommen angesagt ist: ein ruhigeres Rufsignal und eine bestimmte Körperhaltung bedeutet: herankommen. Das »Supersignal«, das ihn später auch aus kritischen Situationen holen wird, bedeutet evtl. zusammen mit hüpfen, anfeuern etc.: vorbei»fliegen« und »Beute« machen (oder Superleckerchen abholen).
- Eine Hundepfeife als »Supersignal« holt oft noch mehr heraus.
- Belohnen Sie Kommen auf Ruf auch weiterhin quantitativ und qualitativ sehr großzügig.

Signalkontrolle: Kommandos trainieren

Signalkontrolle: Kommandos trainieren

46 ▸ **Wege zur Signalkontrolle**
48 ▸ **Signale und »Vorsignale«**
49 ▸ **Signale generalisieren**
52 ▸ **Locken – an der Nase herumführen**
54 ▸ **»Platz« ist nicht gleich »Platz«**
56 ▸ **Verhaltensketten trainieren**

45 ▸▸ **Übung 11: Die Signalkontrolle überprüfen**
47 ▸▸ **Übung 12: Ein neues Signal für ein »altes« Verhalten**
49 ▸▸ **Übung 13: Worauf reagiert Ihr Hund wirklich?**
50 ▸▸ **Übung 14: Signale richtig geben**
53 ▸▸ **Übung 15: Die Hand als Target**
55 ▸▸ **Übung 16: Signale definieren**

Eine Sprache mit Geschick handhaben heißt, eine Art Beschwörungszauber treiben.

Charles Baudelaire

Signalkontrolle bedeutet aus Menschensicht, dass man ein bestimmtes Verhalten des Hundes mit einem dazugehörigen Signal auslösen kann (und streng genommen auch, dass der Hund dieses Verhalten nicht mehr in Erwartung einer Belohnung »anbietet«, wenn das Signal nicht gegeben wurde). Aus Hundesicht ist das Signal einfach ein Hinweis darauf, welches Verhalten gerade angebracht ist, denn es informiert ihn über die Folgen, die dieses Verhalten jetzt für ihn hat. Ein über positive Verstärkung **V+** antrainiertes Signal bedeutet: »Wenn du das betreffende Verhalten jetzt zeigst, könntest du eine Belohnung bekommen.« Ein über negative Verstärkung **V-** antrainiertes Signal bedeutet: »Wenn du das betreffende Verhalten jetzt zeigst, kannst du Ärger vermeiden.« (Das heißt übrigens auch, dass Signale je nach Trainingsart die emotionale »Färbung« eines konditionierten positiven Verstärkers **kV+** bzw. konditionierten negativen Verstärkers **kV-** annehmen.) Und ja – natürlich gehorcht der Hund nur, »wenn er will«. Denn er kann die Belohnung ausschlagen bzw. den Ärger in Kauf nehmen. Durch gutes Training kann man die meisten Hunde allerdings so beeinflussen, dass sie fast immer wollen, jedenfalls sofern die Forderungen »ihres« Menschen einigermaßen vernünftig sind.

Beim Training der Signalkontrolle geht es also darum, ein Verständigungssystem mit dem Hund aufzubauen. Sie versuchen, ihn einige Brocken »Menschensprache« zu lehren. (Fairerweise sollten Sie sich auch bemühen, einige Brocken »Hundespra-

Beim »Sitz« kann man meist problemlos aus der anfänglichen Lockbewegung mit einem Leckerchen ein Sichtzeichen entwickeln.

Übung 11: Die Signalkontrolle überprüfen

1. Geben Sie Ihrem Hund das Signal, das Sie »testen« wollen, 6-mal hintereinander. Belohnen Sie ihn jedes Mal. Tragen Sie das Ergebnis in eine Liste ein. Wenn Ihr Hund das Verhalten stets zügig und korrekt ausführt, ist es schon gut unter Signalkontrolle.
2. Wiederholen Sie den Versuch, aber belohnen Sie Ihren Hund erst am Schluss der Serie. Wenn er sogar ohne Zwischendurch-Belohnung 6-mal prompt und korrekt reagiert, ist Ihre Signalkontrolle sehr gut!
3. Warten Sie, nachdem Sie das Signal 5-mal in Serie gegeben (und ruhig auch belohnt) haben, 5 (10) Sekunden, ehe Sie es das nächste Mal geben. Ist Ihr Hund weiter aufmerksam, zeigt das Verhalten aber erst, nachdem Sie das nächste Signal gegeben haben, ist Ihre Signalkontrolle super!
4. Geben Sie Ihr Signal:
   - nur als Hörzeichen (HZ) (oder nur als Sichtzeichen (SZ))
   - auf dem Boden/einem Stuhl sitzend
   - mit dem Rücken zum Hund
   - wenn Ihr Hund 2 m von Ihnen entfernt ist
   - während Sie sich bücken
   - während Sie langsam gehen

Wenn Ihr Hund jedes Mal richtig reagiert, ist das Signal perfekt trainiert.

Jamie lernt »lesen«. Das Vorzeigen des Schildes wird dazu einfach als Signal für »Sitz« verknüpft.

che« zu lernen.) Wenn ein Hund freudig, prompt und korrekt auf unser Signal reagiert, ist das immer wieder ein wunderbarer Moment. Zwischen zwei ganz verschiedenen Spezies wird eine Brücke der Verständigung geschlagen, und zugegebenermaßen verspürt man auch ein gewisses Machtgefühl. Das ist in Ordnung, vorausgesetzt Sie vergessen nie, dass Ihr Hund kein Sklave oder Roboter ist, sondern ein Lebewesen mit eigener Persönlichkeit und eigenen Interessen, auf dessen »unbedingten Gehorsam« Sie keinen naturgegebenen Anspruch haben.

Vergessen Sie bitte auch nie, dass es für die meisten Hunde sehr schwer ist, ausgerechnet Wortsignale zu erlernen, und dass unklare oder sich widersprechende Signale einen enormen Stressfaktor für den Hund darstellen. Sie dürfen von Ihrem Hund außerdem natürlich nur so viel Perfektion bei der Umsetzung von Signalen erwarten, wie Sie bereit oder in der Lage sind, bei der Signalgebung und beim Training aufzubringen. Es gibt also gute Gründe, sich an die eigene Nase zu fassen, ehe Sie dem Hund voreilig unterstellen, dass er Ihre Signale aus purer Aufsässigkeit nicht ausführt, obwohl er »genau weiß, was er soll«.

Wege zur Signalkontrolle

Wie erlangt man gute Signalkontrolle? Im Prinzip verknüpfen Sie das Verhalten des Hundes mit einem Signal, indem Sie dafür sorgen, dass er das Verhalten jedes Mal ausführt, wenn Sie das Signal geben. (Im Umkehrschluss heißt das: Sie geben das Signal nur, wenn Sie sicher sind, dass Ihr Hund das Verhalten dann auch ausführen wird!) Theoretisch könnten Sie also einfach jeweils Ihr Signal geben, wenn der Hund zu dem betreffenden Verhalten ansetzt, und er würde es auf dem Weg der klassischen Konditionierung auch ohne zusätzliche Motivation verknüpfen. Man kann den Hund so z.B. dazu bringen, sich mehr oder weniger zuverlässig »auf Kommando« zu lösen. In der Praxis eignet sich dieses Verfahren aber nur für wenige Verhaltensweisen, denn es dauert ziemlich lange und betrifft nur Verhalten, das der Hund oft genug von sich aus zeigt.

Üblicherweise schafft man daher durch Herbeiführen oder »Formen« des gewünschten Zielverhaltens (siehe Seite 121) häufige und kontrollierbare Gelegenheiten zur Signalverknüpfung.

Wenn Sie das Verhalten genug eingeübt haben, könnten Sie mit klassischer Konditionierung weitermachen. Dazu sprechen Sie das Signal einfach in das Verhalten Ihres Hundes »hinein«. Sie sagen also z.B. »Sitz«, während er sich hinsetzt, kurz bevor sein Hinterteil den Boden berührt. Das verknüpft Ihr Wort mit dem Bewegungsablauf des Hundes. Es funktioniert, ist aber ein sehr langwieriges Verfahren, das manchmal Hunderte oder gar Tausende Wiederholungen benötigt, da die Kombination Geräusch/Bewegung nicht gerade biologisch vorgeprägt ist.

Zum Glück gibt es aber noch einen anderen, schnelleren Weg. Er nutzt die Neigung von Hunden, Abläufe, die sich stets in derselben Reihenfolge wiederholen, »auswendig« zu lernen und das Ergebnis vorwegzunehmen. Im Alltag kann man das dauernd beobachten. Ihr Hund erkennt z.B. an der Art, wie Sie Ihre Kaffeetasse hinstellen, dass Sie gleich mit ihm spazieren gehen werden, und läuft schon mal freudig Richtung Tür. Um das Vorwegnehmen für die Signalverknüpfung zu nutzen, braucht es gute Vorbereitung. Dafür geht die eigentliche Verknüpfung dann aber sehr schnell. Das Vortraining ist nötig, weil Sie bei dieser Methode das Signal deutlich (ca. 2–3 Sekunden) vor dem Verhalten Ihres Hundes geben sollten, damit es einen ankündigenden Charakter bekommt.

Trotzdem ist es wie immer für eine hochwertige Signalkontrolle sehr wichtig, das Signal möglichst nie zu geben, ohne dass der Hund es dann auch »ausführt«. Sie können mit der Verknüpfung also erst anfangen, wenn Sie das Verhalten Ihres Hundes (z.B. durch Locken oder Körpersprache) sicher auslösen können oder wissen, dass er es ganz bestimmt sowieso in den nächsten Momenten zeigen wird (z.B. beim »Formen«, siehe Seite 12).

Übung 12: Ein neues Signal für ein »altes« Verhalten

Nehmen Sie eine Übung, die Ihr Hund schon sehr gut auf Signal ausführt und gern mag (denn er muss sie ziemlich oft hintereinander ausführen), z.B. »Platz«. Denken Sie sich ein neues Signal dafür aus (zum Beispiel »Deckung!« oder ein Pfiff). Ihr Hund sollte aufmerksam und lernbereit sein. Nun geben Sie Ihr neues Signal und ca. 2 Sekunden später das bereits bekannte (also: Pfiff – »Platz«). Sobald er sich hinlegt: konditionierter positiver Verstärker **kV+** und belohnen.
Dehnen Sie ggf. nach ca. 12 Wiederholungen die Zeitlücke zwischen Pfiff und Hörzeichen allmählich aus (auf bis zu 10 Sekunden). Geht er dabei, wie zögernd und unsicher auch immer, bereits auf den Pfiff hin in die Bewegung: so früh wie möglich im Bewegungsablauf **kV+** und belohnen. In erstaunlich kurzer Zeit wird Ihr Hund auch auf Pfiff »Platz« machen. (Sollte Ihr Hund anfangen, sich bereits hinzulegen, wenn Sie die Pfeife zum Mund bewegen, belohnen Sie das nicht!)

Das »Vorsignal« für »Platz« (Leckerchen zu Boden bewegen) ist viel auffälliger als das für »Sitz« und deshalb weitaus schwerer auszuschleichen.

Signale und »Vorsignale«

Bevor Sie ihm Ihr Signal »erklärt« haben, entscheidet Ihr Hund natürlich auch schon, was er wann tun soll. Dazu sucht er sich selbst »Signale« – ich nenne sie Vorsignale – aus. Meistens orientiert er sich dabei an unserer Körpersprache, ansonsten an Merkmalen der Situation wie dem Ort, einem beteiligten Gegenstand, irgendwelchen Vorbereitungen etc. Manchmal fasst der Hund auch mehrere solche Hinweise zusammen und reagiert nur, wenn alle gleichzeitig anwesend sind. Einige Beispiele für solche Vorsignale:

- Hand über Nase halten = hinsetzen
- Leckerchen zu Boden bewegen = hinlegen
- in die Hocke gehen = herankommen
- rufen und in die Leckerchen-Tasche fassen = herankommen
- Clicker oder Leckerchen zur Hand nehmen = Blickkontakt zum Menschen aufnehmen
- flottes Gehen mit kurzen Schritten = Bei-Fuß-Gehen
- Apportierholz = bringen
- Mensch macht Schritt nach vorn, zeigt gleichzeitig nach vorn und ruft »Los!«: voranlaufen zum Ziel (z.B. einer Dose mit Leckerchen)
- Mensch packt Markierungsfähnchen ein = Fährten suchen.

Gelegentlich entstehen aus solchen Vorsignalen fast übergangslos echte Signale (z.B. beim »Sitz«, wo meist problemlos aus der anfänglichen Lockbewegung ein echtes Handzeichen wird). Manchmal macht es auch nichts, wenn das Vorsignal bestehen bleibt. Z.B. gibt es nur wenige Sporthunde, die man mit »Voran« an einem zuvor ausgelegten Apportierholz vorbeischicken könnte. Die meisten haben nämlich gar kein Wortsignal mit dem Apportieren verknüpft, sondern sie bringen das Apportierholz automatisch, sobald es in Sicht ist und sie aus dem vorherigen Kommando (meistens »Sitz«) entlassen werden. Das schadet nicht, weil es im Reglement keine Übung gibt, in der ein Bringholz ignoriert werden muss. Vielfach möchte man aber das Vorsignal völlig durch ein echtes Signal ersetzen. Wer will sich schon jahrelang ganz zu Boden bücken müssen, damit der Hund »Platz« macht? Dass er nur kommt, wenn man zusätzlich zum Rufen zum Leckerchen greift, ist auch nicht sehr befriedigend, und der Suchhund soll – jedenfalls wenn man ihn auch im Ernstfall einsetzen will – später auch Fährten suchen, ohne dass dabei irgendwelche Fähnchen im Spiel sind.

Übung 13: Worauf reagiert Ihr Hund wirklich?

Machen Sie eine Liste von Signalen, die Ihr Hund kann. Beschreiben Sie jedes Signal ganz genau, als wenn Sie jemand anderem eine »Bedienungsanleitung« für Ihren Hund geben wollten. Welches Hörzeichen muss wie betont werden, welches Sichtzeichen wie ausgeführt werden? Muss beides zusammenkommen, damit Ihr Hund versteht? Braucht er evtl. noch andere zusätzliche Hinweise, um richtig zu reagieren? Wenn Ihre Liste fertig ist, probieren Sie sie aus. Geben Sie Ihr Signal ganz genau so, wie Sie es beschrieben haben, nicht mehr und nicht weniger. Falls Ihr Hund nicht so reagiert wie erwartet, denkt er offenbar anders über die Signale als Sie. Lassen Sie sich filmen oder von einem Helfer beobachten, um herauszufinden, auf welche unbewussten Signale Ihr Hund wirklich reagiert. Tipp: man verstärkt solche unbewussten Signale meist unwillkürlich dann, wenn der Hund nicht auf das bewusst gegebene Signal reagiert.

Auch im Hundesport darf in der Regel nur ein einziges Signal gegeben werden, oft nur ein Hörzeichen, sonst gibt es Punktabzug.

Signale generalisieren

Den Lernvorgang, durch den ein Hund lernt, auf das »echte« Signal und nur darauf zu achten und zu reagieren und alle ehemaligen Vorsignale »auszusortieren«, nennt man generalisieren (= verallgemeinern). Sie generalisieren ein Signal, indem Sie alle Merkmale der Lernsituation nach und nach abändern, während nur das echte Signal immer gleich bleibt. So lernt der Hund allmählich, dass das echte Signal die beste Vorhersage darüber erlaubt, was er jetzt tun soll, und er wird sich darauf »einschießen«. Für diesen Trainingsschritt brauchen Sie eine Menge Selbstdisziplin. Wenn Sie Ihre Signale nämlich nicht eindeutig und getrennt von anderen (meist unbewusst ausgesandten) Zeichen geben, bleibt Ihr Auftritt für den Hund Informationsmüll. Entsprechend lausig ist dann Ihre Signalkontrolle. Mögliche Signale sind:

Hörzeichen Meist Worte, geeignet sind einzelne Worte, aber durchaus auch kurze Sätze mit eindeutiger Satzmelodie (»Such verloren«, »Komm her zu mir« ...). Hunde achten vermutlich hauptsächlich auf Vokale und evtl. den Anfangslaut. Betonung, Rhythmus und Lautstärke eines Hörzeichens sollten stets gleich sein, damit der Hund es möglichst gut wieder erkennen kann. (Ein gebrülltes »Komm« klingt

Gute Signalkontrolle: Ikarus bleibt sitzen und wartet gespannt auf Manuelas Hörzeichen für »Komm«, obwohl das Rückwärtslaufen eine starke Versuchung für ihn ist.

z.B. völlig anders als ein leise und freundlich gesprochenes.) Hunde mögen viel lieber eher hoch und leise gesprochene Hörzeichen. Ein solches »Zwitschern« sowie ansonsten weitgehendes Schweigen beim Training hilft dem Hund, Worte, die ihn angehen, aus unserem täglichen Wortschwall herauszuhören. Ein Hörzeichen sollte nicht wiederholt werden (also kein »Bleib, bleib, bleib ...«).

Sichtzeichen Meist Hand- oder Armbewegungen, evtl. zusammen mit einer bestimmten Haltung der Hand. Ein Sichtzeichen sollte ebenfalls immer gleichförmig sein. Wichtig ist, dass Ihr Hund es aus verschiedenen Perspektiven gut erkennen kann, auch wenn er z.B. weiter weg oder neben Ihnen ist. Es sollte wirklich nur eine isolierte Bewegung des Armes/der Hand sein, nicht eine des ganzen Körpers. Überlegen Sie vorher, ob Sie das Sichtzeichen nur kurz geben (z.B. Hand heben und wieder senken für »Sitz«) oder halten wollen (z.B. Arm ausgestreckt halten, solange der Hund voran laufen soll), und verwenden Sie es von Anfang an entsprechend.

Weitere Körpersprache Oft eher unerwünschte Vorsignale wie sich hinunter beugen, sich zum Hund umdrehen, das Gewicht verlagern, mit dem Kopf nicken usw. Lernen Sie, darauf zu achten und solche Bewegungen bewusst zu kontrollieren. Im Hundesport (außer beim Agility) gelten sie als zusätzliche Hilfen und sind unerwünscht, mit Ausnahme von einigen

Übung 14: Signale richtig geben

Am besten üben Sie Ihre Signale zuerst ohne Hund, evtl. vor dem Spiegel. Es ist nämlich gar nicht so einfach, eine einzelne Handbewegung zu machen, ohne dabei andere Teile des Körpers zu bewegen oder ein Hörzeichen auszusprechen, ohne dabei automatisch die zugehörige Handbewegung (z.B. Lockbewegung) zu machen. (Ich ertappe mich z.B. regelmäßig dabei, dass ich unwillkürlich zusätzlich Sichtzeichen mache, wenn ich im Gespräch mit Hundehaltern Hörzeichen erkläre und dabei auch ausspreche.) Meist muss man im Umgang mit dem Hund auch gegen die typisch menschliche Neigung ankämpfen, auf Personen einzureden, die nicht so reagieren, wie man möchte ...

erlaubten Hilfen wie z.B. einer bestimmten Art zu gehen als zusätzliches Signal für »Fuß« (falls es nicht allzu übertrieben ist). Im Alltag und bei wirklicher Arbeit mit dem Hund (z.B. hüten, apportieren) eignen sich solche Körpersignale aber sehr gut für eine klare und doch unauffällige Verständigung (z.B. ein Wink mit dem Kopf als Signal für »Geh da rüber«, ein betontes Lächeln als konditionierter positiver Verstärker **kV+** usw.).

Wenn Sie Ihre Signale klar definiert und ggf. eingeübt haben, »dürfen« Sie wieder mit Ihrem Hund üben. Verfahren Sie im Wesentlichen wie in Übung 12: Sie geben zuerst (und isoliert von anderer Körpersprache) ein einziges Mal Ihr Signal und 2–3 Sekunden danach das entsprechende Vorsignal, z.B. die Lockbewegung aus dem Training. (Beim Formen geben Sie das Signal einfach direkt nachdem Ihr Hund die Belohnung für die vorige Wiederholung »konsumiert« hat.) Lassen Sie die Zeitlücke im Verlauf des Trainings evtl. noch größer werden. Sobald Ihr Hund beginnt, den Ablauf vorwegzunehmen und bereits auf das neue Signal zu reagieren, setzen Sie Ihren konditionierten positiven Verstärker **kV+** ein und belohnen ihn großzügig.

Reagiert Ihr Hund nach einiger Zeit gut auf das Signal (mindestens 8- von 10-mal zügig und korrekt), gewöhnen Sie ihn behutsam daran, dass er auch für korrekte Ausführungen nicht mehr jedes Mal belohnt wird. Dann beginnen Sie, für die Generalisierung des Signals die Rahmenbedingungen in ganz kleinen Schrittchen zu verändern. Verändern Sie immer nur ein Detail zur selben Zeit. Kategorien von Details, die Sie im Laufe des Trainings verändern sollten, sind:

- die eigene Körperhaltung
- die relative Position des Hundes zu Ihnen (vor/hinter Ihnen, links/rechts von Ihnen, ein Stückchen von Ihnen entfernt, evtl. außer Sicht)
- der Ort, evtl. auch der Untergrund

Tipp

Wenn man eine Übung mehrere Male wiederholt, beginnen viele Hunde, die Ausführung vorwegzunehmen, d.h. der Hund macht die Bewegung schon, ehe das »offizielle« Signal gegeben wurde. Oder er verwechselt Signale und bietet ein falsches Verhalten an. Belohnen Sie ihn dann auf keinen Fall, sonst verwirren Sie ihn nur. Sagen Sie stattdessen freundlich Ihr Hörzeichen für »Dies wird nicht belohnt« (konditionierte negative Bestrafung, **kS-**, siehe Seite 70) und beginnen von vorn. Falls Ihr Hund sehr zum Vorwegnehmen neigt, üben Sie ab und zu auch, auf das Signal zu warten: zögern Sie vor der nächsten Wiederholung der Übung ein paar Momente und belohnen Sie Ihren Hund, falls er in dieser Zeit noch nichts tut. Das aufmerksame Abwarten bis zum »Startschuss« (Ihrem Signal) fällt zappeligen Hunden so natürlich viel leichter.

- ggf. der Gegenstand (verschiedene Apportiergegenstände, Agilityhindernisse, Ziele fürs Voranschicken ...)
- die gesamte Situation (in allen möglichen verschiedenen Situationen das Signal üben)

Wichtig ist, den Hund bei solchen Übungen nicht zu überfordern. Wenn er nicht mehr oder nur noch schlecht (zögernd, schlampig oder »unter Protest«) »gehorcht«, haben Sie zu viel auf einmal verändert. Loben Sie ihn bei einer solch ungenügenden Leistung zwar für seine Bemühungen (»Brav«, siehe Seite 24), aber belohnen Sie nur qualitativ hohe Ausführungen. Machen Sie es aber beim nächsten Versuch wieder einfacher. Achten Sie auch darauf, bei Übungen zur Generalisierung früh im Ablauf zu bestätigen (also **kV+** in die Bewegung hinein, sobald Sie sicher sind, dass es die richtige ist). Die gute Nachricht: Generalisieren braucht zwar Zeit und Sorgfalt, macht aber viel Spaß. Und: Hunde generalisieren auch das Generalisieren. Sie müssen daher nicht jedes einzelne neue Signal vollständig generalisieren, sondern nur die ersten paar.

Perfektes Locken: Mumpitz folgt interessiert, aber diszipliniert und nicht zu gierig dem vorgehaltenen Leckerchen.

Locken – an der Nase herumführen

Locken bedeutet, ein Leckerchen oder Spielzeug zu benutzen wie die sprichwörtliche Karotte, die man dem Esel vorhält: weil der Hund versucht, an das begehrte Objekt zu gelangen, kann man ihn zu bestimmten Bewegungen veranlassen, indem man es ihm vor die Nase hält. Locken funktioniert vielfach sehr gut. Man kann daraus sogar eine Art Verständigungssystem mit dem Hund entwickeln, sodass er begreift, dass er die dabei gezeigten Bewegungen dann auch selbstständig ausführen soll. Der Haken besteht darin, dass Locken sehr schnell zu einer Art »Mega-Vorsignal« wird. Es fällt daher oft schwer, die Lockbewegung oder sogar das Lockmittel im Verlauf des Trainings wieder »loszuwerden«. Wichtig ist daher, das Locken so bald wie möglich wieder abzubauen und das Signal immer deutlich vor dem Beginn des Lockens zu geben und nicht gleichzeitig damit.

Der zweite Haken besteht darin, dass viele Hunde so aufgeregt und gierig werden, wenn Sie ein begehrtes Objekt in Reichweite haben, dass sie

Übung 15: Die Hand als Target

Target bedeutet Ziel. Ihr Hund lernt, Ihre Hand als Ziel zu nehmen, dem er folgt oder an das er stupst. Bei Seelöwen und anderen Zirkustieren wird dies z.B. häufig verwendet. Halten Sie Ihrem Hund einfach die leere Hand in einer bestimmten Haltung (= zukünftiges Sichtzeichen für »Folge der Hand«) dicht vor die Nase. Konditionierter positiver Verstärker kV+ und Belohnung, sobald er daran stupst. Klappt das, halten Sie die Hand im weiteren Verlauf des Trainings an verschiedene Stellen, sodass er sich etwas mehr bemühen muss, um sie zu erreichen. Geht auch das, bewegen Sie die Hand ein paar Zentimeter weiter, wenn er gerade daran stupsen will. Folgt er der Hand: kV+ und Belohnung. Lassen Sie ihn allmählich weitere Strecken folgen und dabei verschiedene »Figuren« laufen.

praktisch nicht mehr lernen, sondern nur noch danach gieren (Übermotivation, siehe Seite 23). Das geht so weit, dass man bei einzelnen Hunden Locken gar nicht als Trainingsmittel einsetzen kann.

Eine Möglichkeit, das Problem zu umgehen, besteht darin, dem Hund zuerst beizubringen, der leeren Hand oder der Spitze eines Stabes zu folgen. Die leere Hand (der Stab) ist längst nicht so aufregend wie ein Leckerchen oder Spielzeug, kann aber gut als »Lockmittel« zweiter Ordnung benutzt werden.

▸ Richtig locken: die Magnet-Methode

Beim Locken mit Futter (evtl. auch mit Spielzeug) müssen Sie die Hand mit dem Leckerchen immer im richtigen Abstand zur Hundenase halten bzw. bewegen. 5–15 cm sind für die meisten Hunde richtig. Schlabbert der Hund am Leckerchen, ist er damit meist so beschäftigt, dass er nicht mehr viel lernt, oder er versucht, einem das Leckerchen aus der Hand zu winden. Bewegt sich das Leckerchen zu schnell zu weit von seiner Nase weg, verliert er entweder das Interesse oder springt los und versucht, es zu grapschen. So oder so: falls er grapscht oder kneift, ziehen Sie das Leckerchen sofort für ein paar Sekunden deutlich aus seiner Reichweite. Hat Ihr Hund es sich verdient, indem er ihm ein Stückchen gefolgt ist ohne zu grapschen, markieren Sie den Moment mit Ihrem konditionierten positiven Verstärker **kV+** und stopfen ihm das Leckerchen ins Maul (= er bekommt es, statt es sich zu nehmen). Haben Sie den richtigen Abstand gefunden und ihm eventuelles Grapschen abgewöhnt, können Sie folgende Lock-Übungen machen:

Locken Sie Ihren Hund so, dass er

- ein paar Schritte macht,
- sich um sich selbst dreht,
- sich setzt, legt, wieder aufsteht,
- mit den Vorderpfoten auf eine Stufe steigt,
- gerade an Ihrer linken/rechten Seite steht/sitzt,
- um einen Stuhl o.ä. geht (beide Richtungen üben),

»Platz« und »Down« sind für Yessi unterschiedliche Signale, zu denen unterschiedliche Positionen gehören.

- eine Acht um/durch Ihre gespreizten Beine macht,
- unter einem Stuhl/Tisch hindurchgeht.

»Platz« ist nicht gleich »Platz«

Nun bleibt noch die Frage: Was genau soll Ihr Hund tun, wenn Sie ihm ein Signal, z.B. »Platz«, geben? Ist doch klar, denken Sie vielleicht: sich hinlegen. Aber hinlegen ist eben nicht gleich hinlegen. Möchten Sie, dass er in »Sphinxhaltung« liegt oder darf er das Hinterteil zur Seite kippen oder sich gar auf die Seite legen? Soll er zuerst vorn oder mit allen vieren zugleich runtergehen (»Klappmesserplatz«) oder sich erst hinsetzen und dann mit den Vorderbeinen nach vorne rutschen? Ist es okay, wenn er noch ein paar Schritte geht und sich evtl. einen bequemen Platz sucht, oder soll er augenblicklich zu Boden gehen?

Verständlich, wenn Sie all das im ersten Moment für kleinkariert halten, und natürlich ist es auch möglich, die Definition der Signale etwas »schwammig« zu halten. Aber natürlich wird Ihr Hund dann auch etwas »schwammig« reagieren, daran dürfen Sie sich dann nicht stören. Außerdem ist es für den Hund im Grunde genommen umso einfacher, ein neues Signal zu lernen, je klarer die dazugehörige Bewegung definiert ist. Das liegt wahrscheinlich daran, dass Hunde bei der Signalverknüpfung offenbar hauptsächlich »in Bewegungen denken«. Ein Beispiel: die meisten Hunde lernen das »Sitz« zunächst, indem man sie aus dem Stehen ins »Sitz« bringt. Die Bewegung ist dann: Hinterteil zu Boden senken. Gibt man dem Hund später das Signal für »Sitz« auch mal, während er liegt, wird er in aller Regel die ersten Male nur verdattert gucken: »Wieso, mein Hinterteil ist doch schon unten!?« Er muss erst lernen, dass

auch noch eine völlig andere Bewegung (nämlich Vorderbeine hochziehen) zur »Betriebsbeschreibung« des Signals »Sitz« gehört.

Wenn verschiedene Bewegungen zu ein und demselben Signal gehören, muss der Hund also immer einen Moment überlegen, welche jetzt angebracht ist, und kann daher ein klein wenig verzögert reagieren. Zudem braucht er natürlich auch längere Zeit, bis er das ganze System durchschaut hat, und kann sich etwas unsicher fühlen, wenn er das Signal hört, sodass er es auch deshalb manchmal nur zögernd ausführt. Falls Sie – z.B. für den Hundesport oder zwei oder drei der wichtigsten Alltagskommandos – Wert auf eine sehr prompte, fast automatische Reaktion des Hundes legen, sollten Sie ihm Ihre Signal also sehr exakt definieren. Verwenden Sie ggf. ruhig mehrere verschiedene Signale für unterschiedliche Ausführungen ein und derselben Tätigkeit. Damit haben Hunde überhaupt keine Probleme. Viele Hundesportler nehmen z.B. für die verschiedenen Positionswechsel verschiedene Hörzeichen oder Sichtzeichen (z.B. »Platz« = aus dem Sitz mit den Vorderbeinen nach vorne rutschen, »Down« = aus dem Stehen oder Laufen mit allen vieren gleichzeitig heruntergehen). Man kann auch verschiedene Hörzeichen für verschiedenen Arten des Kommens auf Ruf haben, z.B.

Übung 16: Signale definieren

Nehmen Sie sich die Liste aus Übung 13 vor und ergänzen Sie zu jedem Signal, wie genau die dazugehörige Tätigkeit ausgeführt werden soll. Wenn Sie beobachten, wie Ihr Hund das Signal ausführt (immer gleichförmig und zügig oder in verschiedener Weise und oft etwas zögernd), können Sie herausfinden, ob er eine klare Vorstellung davon hat, was das Signal bedeutet.

- ein lässiges – »Komm« für den Alltag (Bedeutung: Komm mal etwas näher heran),
- ein Supersignal – »Hejejej!« (siehe Seite 41, Bedeutung: Mach auf dem Absatz kehrt und hol dir die Beute),
- ein exaktes – »Hier« für den Hundesport (Bedeutung: Komm zügig an und setze dich ganz dicht und gerade vor mich hin).

Das ist viel effektiver und auch stressfreier für den Hund, als wenn er raten muss, welche Art von Kommen Sie diesmal meinen, während Sie sich vielleicht ärgern, weil er Ihre unbewussten Gedanken nicht richtig liest.

Hunde verknüpfen durchaus auch die Qualität der Ausführung mit dem Signal. Es macht daher für exaktes Arbeiten Sinn, eine im Laufe des Trainings verbesserte Ausführung ggf. mit einem neuen Signal zu verknüpfen. Falls Ihr Hund z.B. zu Beginn des Trainings auf dem Apportierholz gekaut hat, Sie es ihm aber inzwischen weitgehend abgewöhnt haben, bedeutet das bisher benutzte Signal (z.B. »Brings«) vermutlich für ihn: tragen mit Kauen. In Stresssituationen (Prüfung) wird das Kauen evtl. wieder zum Vorschein kommen. Sicherer ist, Sie verknüpfen ein neues Signal (z.B. »Apport«). Nach »Apport« belohnen Sie nur absolut perfekte Ausführungen ohne Kauen. »Apport« bedeutet dann recht bald: korrekt Tragen ohne zu kauen. Das alte »Brings« verwenden Sie ab dem Zeitpunkt einfach nicht mehr.

Wichtig

Verhaltensketten trainieren
Eine Verhaltenskette besteht aus mehreren Handlungen, die immer in derselben Reihenfolge ablaufen und an deren Ende eine Belohnung steht. Innerhalb der Kette führt eine Handlung zur nächsten, wird also sozusagen zum Signal für die folgende. Das Besondere an einer Verhaltenskette: der Hund wird dazu neigen, sie zu durcheilen, um schnell an die Belohnung zu kommen. Meist überspringt er zuerst das vorletzte Kettenglied, dann das vorvorletzte usw. Man kann das Problem vermeiden, indem man an verschiedenen Stellen der Kette belohnt oder die einzelnen Elemente meist getrennt voneinander übt, nur selten in der vorgesehenen Reihenfolge. Möchte man eine Verhaltenskette zusammensetzen, sollte man mit dem letzten Kettenglied anfangen und die vorhergehenden eins nach dem anderen dazunehmen. Auf diese Weise arbeitet der Hund aus unbekannten in bekannte Teile der Übung. Wenn er z.B. lernen soll, eine Bierdose aus dem Kühlschrank zu holen, beginnt man mit dem Halten und Ausgeben der Dose, dann kommt das Herbringen dazu und erst zum Schluss das Öffnen des Kühlschranks.

Negative Verstärkung und Strafe

Negative Verstärkung und Strafe

61 **Erfolg verhindern**
63 **Ignorieren**
64 **Abbruch der Interaktion**
64 **Auszeit**
65 **Negative Verstärkung und Zwang**
66 **»Freiheitsberaubung« bei Welpen**
68 **Nachteile und Risiken**
68 **Sonderfall Angst**
69 **Abbruchsignal**
71 **Fisher-Discs als Abbruchsignal**
72 **Positive Strafe**
75 **Positive Strafe richtig einsetzen**
60 **Übung 17: Die richtige Methode finden**

Gewalt ist die letzte Zuflucht des Unfähigen.

Isaac Asimov

Die Ansichten zum Thema Strafe in der Hundeerziehung sind gelinde gesagt sehr unterschiedlich. Immer noch werden Hunde generell viel zu oft und meist auch noch völlig »verkehrt« gestraft, was häufig die Hauptursache von Verhaltensproblemen ist. Und Methoden der negativen Verstärkung (z.B. unter Einsatz von Reizstromgeräten) finden wieder vermehrt Anhänger. Auf der anderen Seite gibt es Hundehalter, die es z.B. nicht fertig bringen, auch nur stehen zu bleiben, wenn ihr junger Hund aus Leibeskräften an der Leine zieht, da »er sich dann doch würgt«. Viele Hundehalter wissen auch einfach nicht, wie sie sich ihrem Hund gegenüber angemessen durchsetzen können.

Kann man einen Hund überhaupt ganz ohne Strafe (siehe Seite 16) erziehen? Geht man von der Lerntheorie aus, ist die Antwort: Nein. Denn streng genommen ist ja sogar das Zurückhalten eines Leckerchens, das der Hund erwartet, eine Strafe (nämlich negative Bestrafung **S-**). Denkt man aber an das, was man gewöhnlich umgangssprachlich unter Strafe versteht (nämlich positive Bestrafung **S+** sowie eventuell noch **S-** in Form von Auszeit, Spielabbruch oder Ignorieren), ist die Antwort: Ja, mit einigem Aufwand schon.

Ist eine Erziehung ganz ohne Strafe aber immer das Beste im Sinne des Hundes? Ich glaube nicht. In manchen Situationen wirkt Strafe nämlich, ohne den Hund merklich zu beeinträchtigen, so gut, dass ein Verzicht darauf aus Selbstzweck unsinnig erscheint. Es ist dann auch fraglich, ob die Strafe wirklich schlimmer für den Hund ist als die andernfalls nötige längere Zeit der Einschränkung, bis eine Umerziehung mit rein »positiven Mitteln« greift. Ich denke da z.B. an einen Welpen, der an einem Stromkabel knabbert, oder einen Junghund, der versucht, über das Gartentor zu klettern, vorausgesetzt das Verhalten ist noch nicht zur Gewohnheit geworden und man ist in einer günstigen Position zum Eingreifen.

Beim krampfhaften Verzicht auf jede Form der Strafe lauern auch einige Fallstricke. Natürlich kann man den Hund in der Regel momentan auch auf andere Weise von seinem Vorhaben abbringen, z.B. indem man ihn ablenkt oder ihm ein Ersatzobjekt (Kauknochen statt Kabel) anbietet. Sein Verhalten könnte dadurch aber positiv verstärkt werden. Er lernt außerdem auch nicht, ein gewisses Maß an Frustration zu ertragen. Dabei ist dies wichtig, denn Hunde können aus Frust durchaus sehr aggressiv werden.

Wenn ein völliger Verzicht auf Strafe also nicht unbedingt geraten scheint, kann und sollte man doch zweifellos weitgehend auf sie verzichten. Denn sicher ist, dass übermäßig oder falsch angewandte Strafen (vor allem positive Bestrafung **S+**) nicht nur dem Hund Leid zufügen, ohne echten Nutzen in Bezug auf das Erziehungsproblem zu bringen, sondern auch schlimme Nebenwirkungen haben können. Es gibt auch einige Bereiche, in denen zumindest **S+** grundsätzlich fehl am Platz ist, z.B. in der Ausbildung oder bei Angst- und Aggressionsproblemen.

Wie steht es mit negativer Verstärkung (**V-**)? Kann man einen Hund ganz ohne **V-** erziehen und ausbilden? Natürlich kann man auf die üblichen negativen Verstärker wie Leinenruck, Zwang oder bewusst eingesetzten psychischen Druck verzichten – sehr gut sogar. Im Sinne der Lerntheorie muss die ehrliche Antwort aber »Nein« lauten. Alles andere wäre Selbstbetrug, denn es gibt nun mal zahllose Situationen, in denen der Mechanismus der negativen Verstärkung am Werk ist. Ein Beispiel: Ihr angeleinter Hund will in eine andere Richtung als Sie. Sie sprechen ihn an, aber er reagiert nicht. Wenn Sie nun auch nur an der Leine gegenhalten und warten, bis er sich anders entschieden hat, wenden Sie bereits **V-** an: der Leinenzug ist Ihrem Hund etwas unangenehm, hört aber erst auf, wenn er das von Ihnen Gewünschte tut. Sie haben aber gar keine andere Wahl, denn wenn Sie Ihrem Hund nachgeben, trainieren Sie ihn förmlich zum Leineziehen.

Um weitgehend ohne Strafen auszukommen, ist gerade bei Welpen Management (z.B. Kauknochen statt Teppich, Schuh oder Stromkabel) sehr hilfreich.

»Ignorieren Sie den Hund, wenn er Sie anspringt!« – Manchmal leichter gesagt als getan ...

Sie sehen also, es ist kaum möglich, völlig auf alles »Negative« in der Hundeerziehung zu verzichten, aber ich schätze, dass man durch gute Ausnutzung von anderen Möglichkeiten der Beeinflussung die Häufigkeit von Strafe und negativer Verstärkung locker auf unter 1 % der Kommunikation drücken kann. Es käme also auf 99 »nette« Interaktionen mit dem Hund maximal eine »unfreundliche«. Keine schlechte Rate, zumal »unfreundlich« ja nicht gleich Schläge, Leinenrucke oder Anschreien bedeuten muss. Oft erfüllt ruhiges Beiseiteschieben, ein ermahnendes »Äh-äh« oder betontes Abwenden vom Hund den Zweck – vielfach sogar besser als härtere Maßnahmen. Im Folgenden geht es um die möglichst effiziente und hundeschonende Anwendung solcher Mittel und die Frage, ob und wenn ja welche Maßnahme überhaupt angebracht ist.

Welche Möglichkeiten hat man überhaupt, auf »negative« Art auf den Hund einzuwirken? Ich komme auf acht:

a) Erfolg verhindern (negative Bestrafung **S-**)
b) ignorieren des Hundes (**S-**)
c) Abbruch der Interaktion mit dem Hund (**S-**)
d) Auszeit (**S-**)
e) »Druck machen«/erzwingen (negative Verstärkung **V-**)
f) Abbruchsignal einüben (je nachdem)
g) positive Strafe (positive Bestrafung **S+**)
h) Discs (Mittelding aus **S-** und **S+**; siehe S. 71)

Übung 17: Die richtige Methode finden

Welches der oben aufgeführten Mittel ist prinzipiell wobei angebracht? Vervollständigen Sie die Liste, indem Sie die entsprechenden Buchstaben in die zweite Spalte eintragen. Mehrfachnennungen sind natürlich möglich. (Achtung! Natürlich sind grundsätzlich auch oft »positive« Mittel wie Ersatzverhalten trainieren möglich, aber an dieser Stelle geht es nun mal um die »negativen« Mittel.) Die Lösung finden Sie im Anhang auf Seite 117.
Im folgenden finden Sie Tipps zur Umsetzung der einzelnen Maßnahmen.

Unerwünschtes Verhalten	Evtl. geeignete Gegenmaßnahme
1. betteln am Tisch	b/d
2. dauernd Spiel/streicheln usw. fordern	
3. anspringen	
4. Welpe beißt im Spiel zu fest	
5. in die Leine beißen	
6. schnappen und zappeln beim Bürsten	
7. Futter/Spielzeug verteidigen	
8. anknurren von Kindern	
9. Besucher wüst verbellen	
10. Leinenaggression (anbellen von Artgenossen an der Leine)	
11. raufen	
12. nicht stubenrein sein	
13. Möbel/Teppiche anfressen	
14. aufs Sofa/Bett springen	
15. Essen vom Tisch oder Gegenstände klauen	
16. jaulen und bellen beim Alleinsein	
17. über den Gartenzaun springen	
18. nicht auf Ruf kommen	
19. überhaupt schlecht gehorchen	
20. an der Leine ziehen	
21. draußen Müll fressen	
22. Jogger/Wild jagen	

Erfolg verhindern

Karin meint, ihr Labrador Mike sei sehr dominant. Warum? Weil Mike immer wieder in die Küche kommt, obwohl ihm das verboten ist. Mike lässt sich auch nur schwer wieder aus der Küche vertreiben, wenn er einmal drin ist. Manchmal war Karin schon so entnervt, dass sie mit dem Küchenhandtuch nach dem aufgeregten Hund geschlagen hat, der wie wild in der Küche herumraste.

Wie kommt es zu solchen Dramen im Alltag? Ganz einfach: Karin konzentriert sich zu wenig auf Mike und ihr Timing ist miserabel. Manchmal bemerkt sie nicht, dass Mike sich in die Küche schleicht, und reagiert viel zu spät. Aber auch wenn sie Mike hereinkommen sieht, schreitet sie meist erst ein, wenn er schon halb oder ganz drinnen ist. Für Mike ist das positive Verstärkung **V+** (Erfolg) nach Zufallsprinzip, denn er ist wegen der Essensgerüche und manchmal zufällig herabfallender Bröckchen gern in der Küche. Schade nur, »denkt« Mike, dass dieser Raum anscheinend keinen guten Einfluss auf Karin hat. Sie ist in der Küche nämlich unberechenbar aggressiv. Manchmal attackiert sie Mike sogar unvermittelt! Mike ist daher immer etwas nervös und sehr vorsichtig, wenn er in die Küche kommt. Immerhin könnte Karin jederzeit einen ihrer »Anfälle« bekommen.

Was für ein Tohuwabohu! Dabei wäre die Lösung so einfach. Karin müsste Mike nur besser im Auge behalten und sofort reagieren, sobald er auch nur da-

Auch dies ist kein wirksames Ignorieren. Denn Ignorieren heißt: den Hund nicht anfassen, nicht ansprechen und – nicht ansehen.

zu ansetzt, die Schwelle zu überschreiten. Dann würde auch ein vergleichsweise mildes Eingreifen (z.B. »Nein«, abblocken mit einem schnellen Schritt auf Mike zu, ggf. zurückschieben ...) vollauf genügen. Das Küchenhandtuch könnte am Haken bleiben und Mike würde das Verbot dennoch nach wenigen Tagen oder sogar Minuten willig akzeptieren.

Das Fazit für ähnlich gelagerte Fälle:

- Beobachten Sie Ihren Hund genau: welche Muskeln spannt er an, wie guckt er, ehe er am Tisch hochsteht, aufs Sofa hopst, mit voller Kraft in die Leine springt o.ä.?
- Bereiten Sie sich innerlich darauf vor, auf solche Signale hin blitzschnell in Aktion zu treten. Spielen Sie die betreffende Situation ruhig vorher in Gedanken ein paarmal durch, das hilft sehr.
- Ggf. kann der Hund in der Umerziehungsphase eine kurze Schleppleine tragen, die den raschen »Zugriff« erheblich erleichtert.
- Ignorieren Sie den verblüfften Vierbeiner nach so einer Aktion ein paar Momente lang. Aber seien Sie bereit, wieder einzugreifen, falls er sofort einen weiteren Versuch startet.
- Falls Sie eine Leine benutzen: probieren Sie aus, wie Sie sie halten und sich bewegen müssen, um Ihren Hund wirksam zu stoppen. Bei großen Hunden empfiehlt es sich, die Leine mit beiden Händen zu packen und die Hände dicht beeinander und dicht an Ihrer Körpermitte zu halten. Lehnen Sie sich automatisch etwas nach hinten, sobald der Hund nach vorn anzieht. (Üben Sie das ruhig zuerst mit einem menschlichen Partner, der den wilden Hund spielt!)
- Halten Sie die Leine so, dass sie zwar am Halsband/Geschirr locker ist – der Karabinerhaken soll hinunterhängen –, aber ansonsten nicht durchhängt. Falls Ihr Hund losspringt, können Sie ihn dann schon nach 10–20 cm ohne großen Kraftaufwand wirksam stoppen. Hängt die Leine durch, bekommen Sie nämlich beide einen gewaltigen Ruck und Ihr Hund hat trotzdem das Gefühl, (fast) zum Erfolg gekommen zu sein.

Sie werden sich wundern, wie schnell all das wirkt!

Zur Taktik »Erfolg verhindern« gehören übrigens auch einfache Managementmaßnahmen, die es Ihrem Hund unmöglich machen, mit unerwünschtem Verhalten Erfolg zu haben, wenn er allein ist. Also: Stuhl, Brett oder Zeitung aufs Sofa legen, Türen ggf. abschließen, Mülleimer außer Reichweite stellen, nichts zu essen auf dem Tisch liegen lassen usw.

Ignorieren

Ignorieren ist zwar höchst wirksam, aber gar nicht so leicht! Zum einen sind da die Gefühle. Der Hund tut einem Leid, weil er enttäuscht und verwirrt ist, und man selbst tut sich Leid, weil man ihn nicht streicheln darf. Oder man kocht innerlich und muss sich zusammenreißen, um den Hund nicht anzuschreien oder wegzuschubsen. Zum anderen wird der Hund seine Bemühungen zunächst noch drastisch verstärken, ehe er endgültig aufgibt (= »Löschungstrotz«). Er wird lauter bellen, stärker mit der Schnauze stupsen, einem Dutzende von Bällen in den Schoß werfen usw. Womöglich erfindet er sogar völlig neue Mätzchen. Und egal wie wütend, amüsiert oder gerührt man darüber ist – man muss unbedingt weiter eine steinerne Miene aufsetzen und so tun, als sei er Luft. Denn sonst wird sein lästiges Verhalten in ungeahnte Intensitätsstufen hochkatapultiert (siehe auch Formen auf Seite 12).

Rein technisch bedeutet ignorieren: den Hund nicht ansehen, nicht ansprechen und nicht anfassen.

- Gucken Sie über ihn hinweg in die Ferne.
- Drehen Sie sich etwas von ihm weg und verschränken Sie die Arme, damit er Ihre Hände nicht anstupsen kann.
- Lehnen Sie sich ggf. ganz eng an den Tisch, sodass er Ihnen keinen Ball in den Schoß werfen kann.
- Sagen Sie nichts, auch nicht »Nein!«, »Lass das!« usw.
- Ausnahme: ein Signal fürs Ignorieren ist nützlich (z.B. »Pause«). Es kündigt an, dass Sie jetzt nicht »zu sprechen« sind, und zwar mindestens so lange, bis Ihr Hund völlig aufgegeben und Sie mindestens einige Minuten in Ruhe gelassen hat. Nach »Pause« sollten Sie als Erster wieder Kontakt zum Hund aufnehmen, es sei denn, er ist zwischendurch eingeschlafen o.ä. Durch ein solches Signal akzeptiert Ihr Hund den Vorgang viel schneller. Und Sie beide können das Ignorieren zuerst in kleinen Portionen üben.
- Wappnen Sie sich innerlich gegen den zu erwartenden Löschungstrotz. Ebenso wie eine Erstverschlimmerung in der Homöopathie ist er ein gutes

Alte Hunde sind Meister darin, lästige Welpen zu ignorieren.

Auch so kann eine Auszeit aussehen: »Das war's!«, die Leine über einen Pfahl werfen und für einige Augenblicke weggehen.

Zeichen, ein Hinweis darauf, dass Ihre Maßnahme greift. Falls Ihr Hund die Marotte hat, Dinge zu klauen, um Aufmerksamkeit zu bekommen, räumen Sie vorübergehend alles Wertvolle aus seiner Reichweite und ersetzen es evtl. durch altes Zeug, damit Sie ihn auch wirklich eisern ignorieren können.

Abbruch der Interaktion

Wenn Ihr Hund sich mitten in einer Interaktion (z.B. beim Spielen, Üben oder Streicheln) danebenbenimmt (z.B. zwickt), ist der sofortige Abbruch des Kontaktes – evtl. angekündigt von demselben Kennwort wie fürs Ignorieren – das Wirksamste. Der Abbruch muss ein Abwenden im wahrsten Sinne des Wortes sein. Es bringt nichts, zwar mit dem Spiel aufzuhören, aber weiter über den Hund gebeugt zu stehen, ihn anzugucken und die Hände dicht am Hund zu lassen, denn dann widerspricht Ihre Körpersprache völlig dem, was Sie eigentlich »sagen« wollen. Viel besser ist, möglichst glaubhaft die beleidigte Leberwurst zu spielen: Sie richten sich zu voller Größe auf, drehen sich halb vom Hund weg, verschränken die Arme, stehen steif da und starren in die Luft. Evtl. ist Ihr Hund bereits so aufgeregt, dass er noch ein paarmal an Ihnen hochspingt, aber das ignorieren Sie dann eben. Ein solcher Abbruch des Kontaktes ist sehr beeindruckend für den Hund und führt verhältnismäßig schnell zum Erfolg.

Auszeit

Auszeit ist ein wenig wie in der Ecke stehen oder Fernsehverbot. Man ignoriert den Hund nicht nur, sondern entzieht ihm auch noch Annehmlichkeiten. Auszeit eignet sich für Verhalten, das man nicht ignorieren kann, weil es unerträglich ist (z.B. zwicken oder zerstören von Gegenständen, um Aufmerksamkeit zu bekommen) oder weil es für den Hund selbstbelohnend ist (z.B. manche Formen von Bellen), und teilweise auch für aggressives Verhalten.

Eine Auszeit kann entweder durchgeführt werden, indem man den Hund kurzfristig ein- oder aussperrt (z.B. Nebenraum, Hundebox, Auto) oder ihn mit kurzer Leine anbindet, ein Stückchen weggeht und ihn völlig ignoriert. Beim Wegbringen darf natürlich nichts passieren, was der Hund als angenehm auffassen könnte. D.h. Sie sollten dabei nicht mit dem Hund sprechen, ihn möglichst wenig anfassen (denn das könnte er als Zuwendung missverstehen) und ihn auch nicht direkt ansehen. Außerdem müssen Sie ihn schnell zu fassen kriegen: durch eine vorhergehende Jagd um den Couchtisch verliert die Maßnahme erheblich an Wirkung. In der benötigten Umerziehungszeit von ca. 1–2 Wochen sollte der Hund daher evtl. ein Stück Leine am Halsband tragen. Im Falle eines Falles markieren Sie das zu ahndende Verhalten mit einem Kennwort (z.B. »Das war's!«), ergreifen die Leine, ziehen sie straff nach oben, sodass es dem Hund ein wenig unangenehm ist und er sich nicht groß wehren kann, und »schleppen« ihn ohne Federlesens »ab«, auch wenn er sich wie ein bockiger Esel mit allen vieren sträubt. Die Auszeit sollte nicht mehr als maximal 2 Minuten dauern, oft reichen auch schon 15 Sekunden. Jault oder kläfft Ihr Hund, dürfen Sie ihn allerdings erst abholen, wenn er wieder still ist.

Beim Abholen sprechen Sie nicht zu Ihrem Hund, sondern geben sich ihm gegenüber ganz neutral. Natürlich dürfen Sie ihn auch nicht trösten oder nachtragend sein. Es ist nicht ganz einfach, eine Auszeit richtig durchzuführen, aber die Wirkung ist vielfach erstaunlich.

Vor allem große Hunde sollten schon im Welpenalter lernen, negativer Verstärkung in Form von Zug an der Leine nachzugeben.

Negative Verstärkung und Zwang

Als generelles Erziehungs- und Ausbildungsmittel ist negative Verstärkung V- grundsätzlich nicht geeignet (siehe Kasten auf Seite 68). Manchmal ergeben sich aber im Zusammenleben mit dem Hund Situationen, wo man sich mit den Mechanismen der negativen Verstärkung auskennen muss. Im Wesentlichen handelt es sich um folgende Situationen:

- Ihr Hund jault oder kläfft, wenn er angebunden ist oder hinter einer Barriere warten muss.

- Sie wollen Ihren Hund festhalten oder pflegen, aber er strampelt, windet sich oder schnappt sogar.
- Ihr Hund zieht an der Leine, um dahin zu kommen, wohin er will.
- Sie ziehen an der Leine, um ihn in eine andere Richtung zu bewegen, und er stemmt sich dagegen oder beißt in die Leine.
- Ihr Hund hat vor etwas Angst und will fliehen.

Wenn Sie Ihrem Hund in solchen oder ähnlichen Situationen nachgeben, verstärken Sie sein Verhalten negativ, d.h. es wird in Zukunft höchstwahrscheinlich häufiger auftreten, und das kann ziemlich unangenehm werden. Aus solchen kleinen Widersetzlichkeiten im Welpenalter erwachsen manchmal so große Probleme, dass der Hund im Erwachsenenalter abgegeben werden muss. Also sollten Sie fest bleiben. Aber: Sie müssen echte Panik- oder Stresssituationen von kleinen Widersetzlichkeiten unterscheiden können und dürfen beim sich Durchsetzen auch keine zu großen Fehler machen, sonst geht die Sache nach hinten los. Deshalb hier eine ausdrückliche Warnung: wenn Ihr Hund bereits ein echtes Problem mit einer der genannten Situationen hat, also z.B. wirklich große Angst vor etwas hat oder beim Pflegen um sich beißt, dürfen Sie keinen Zwang anwenden! Sie müssen die Sache stattdessen mit **V+** in ganz kleinen Schritten üben oder versuchen, die Emotionen des Hundes gegenüber der Situation mit klassischer Konditionierung zu ändern (z.B. Leckerchen geben beim Anfassen üben). Eine gewis-

»Freiheitsberaubung« bei Welpen

Natürlich spricht auch bei Welpen absolut nichts dagegen, pflegen, festhalten, warten hinter einem Zaun usw. mit positiver Verstärkung V+ zu üben. Manchen Welpen fällt es aber anfangs sehr schwer, auch nur kleinste Einschränkungen ihrer Freiheit hinzunehmen. Sie bocken wie ein Mustang, wenn die Leine sie einschränkt, schnappen und winden sich, wenn man sie festhält, oder bekommen regelrechte Wutanfälle, wenn sie kurz hinter einem Zaun warten sollen. In aller Regel geben sie aber ebenso schnell und undramatisch nach, wie sie zuvor hysterisch getobt haben. Und sie lernen dabei innerhalb von wenigen Augenblicken oder Minuten eine wertvolle und im Zusammenleben mit den Menschen unverzichtbare Lektion. Daher halte ich es bei Welpen für richtig, solche »Trotzanfälle« auszusitzen. Natürlich wird der Welpe für jegliches Dulden zusätzlich positiv verstärkt, und im Idealfall gewöhnt bereits der Züchter die Welpen daran.

se Vorsicht beim Einsatz von Zwang ist auf alle Fälle bei Hunden angebracht, die man im Erwachsenenalter übernommen hat, da man nie genau weiß, was sie vorher alles erlebt haben und wie heftig sie ggf. reagieren.

Wenn eine der genannten Situationen auftritt, bleiben Sie unbedingt ruhig und sachlich und behalten Sie eine freundliche Grundhaltung bei. (Versuchen Sie es so zu sehen, dass Ihr Hund das Problem hat und Sie ihn bei der konstruktiven Bewältigung unterstützen.) Wenn Sie hektisch, wütend oder grob werden, Ihren Hund anschreien oder auf ihn einreden, setzen Sie ihn unter enormen zusätzlichen Stress und machen es ihm und sich wesentlich schwerer. Geben Sie keinesfalls nach, aber wenden Sie auch nur so viel Kraft auf wie nötig, um zu verhindern, dass er mit seinem Verhalten Erfolg hat, denn das erzeugt nur mehr Gegenwehr. Also: an der Leine gegenhalten, aber nicht rucken; den Hund weiter festhalten, aber nicht mehr einengen als nötig usw.

Falls Sie an ihm ziehen (z.B. der Leine, damit er in die Tierarztpraxis geht) oder drücken (z.B. auf sein Hinterteil, damit er sich setzt), halten Sie den Druck oder Zug gleichmäßig aufrecht, und zwar auf einem Niveau, das dem Hund ein kleines bisschen, aber nicht allzu unangenehm ist. Warten Sie schweigend und freundlich ab. Erst wenn eine ganze Weile nichts passiert, verstärken Sie die Einwirkung ganz allmählich. Wenn Sie nämlich zu viel Kraft aufwenden, löst das eher einen Gegenreflex beim Hund aus oder er gerät in Panik und wehrt sich noch mehr. »Fragen« Sie sozusagen lieber mit leichtem Zug/Druck »an« und lassen Sie ihm genug Zeit zum »Nachdenken«.

Sobald Ihr Hund – wenn auch erst nur ein bisschen – nachgibt, lockern Sie Druck oder Zug merklich (nehmen ggf. die Hände vom Hund) und loben ihn herzlich mit der Stimme. Das ist negative Verstärkung **V-** fürs sich Fügen und Ihr Timing muss stimmen, sonst bekommt der Hund den Eindruck, nachgeben würde auch nichts nützen. Sie können das Nachgeben selbstverständlich zusätzlich mit einem konditionierten positiven Verstärker **kV+** und einer nachfolgenden Belohnung positiv verstärken, aber vergessen Sie nicht, dass im Moment das Nachlassen des Zugs/Drucks der wichtigste Verstärker ist.

Petra setzt Hände, Leine und Körpergewicht geschickt als Hebel ein, um Laddy schnell aus einer kritischen Situation zu ziehen.

Negative Verstärkung **V-** kann natürlich auch über psychischen Druck (Einschüchterung, Drohungen) erfolgen, z.B. indem man mit schärferer oder drohender Stimme ruft, wenn der Hund nicht aufs erste Rufen reagiert. Ich persönlich mag seit mehreren Jahren einfach überhaupt nicht mehr so mit meinen Hunden umgehen und hatte es auch nie mehr nötig. Falls Sie gelegentlich psychischen Druck einsetzen wollen, denken Sie daran, dass Sie auch dabei das geringste »Einlenken« Ihres Hundes mit Lob und einem deutlichen Nachlassen oder Beenden des Drucks verstärken müssen und dass auch auf der psychischen Ebene die Regel gilt, dass zu viel Druck eher Trotz und Gegenwehr als Nachgeben produziert.

V- spielt außerdem eine Nebenrolle, wenn Sie etwas einüben wollen, das Ihr Hund nicht mag, wie z.B. das Apportieren von Metall. Belohnen Sie ihn natürlich fürstlich für die ungeliebte Übung (**V+**), aber verlangen Sie sie auch unbedingt nur einmal am Tag. Die Übung nicht wiederholen zu müssen ist eine Belohnung in sich (**V-**).

Sonderfall Angst

Es mag grausam erscheinen, den Hund z.B. mit der Leine an der Flucht zu hindern, wenn er Angst hat. Eine panikartige Flucht wird die Angst aber aufgrund von negativer Verstärkung **V-** umso mehr in sein Gedächtnis einbrennen. Wenn er nicht bereits völlig in Panik ist (dann findet sowieso kein Lernen mehr statt), stoppen Sie also

Nachteile und Risiken

Negative Verstärkung **V-** und. positive Strafe **S+** hat einige Nachteile; sie

- erzeugt leicht Meideverhalten, Gegenwehr oder Drückebergerei,
- führt oft zur Abstumpfung gegenüber den unangenehmen Einwirkungen, die dann gesteigert werden müssen,
- erzeugt Stress, der wiederum das Lernen blockiert,
- wirkt sich mittelfristig oft negativ auf Bindung und »Arbeitsmoral« des Hundes aus,
- ist wenig fehlertolerant (Fehler des Trainers haben schlimmere Nebenwirkungen als Fehler bei der Anwendung von positiver Verstärkung **V+**),
- eignet sich für viele Übungen prinzipiell nur schlecht,
- ändert nichts an der dem Verhalten zugrunde liegenden Motivation und ist daher nicht geeignet, das Interesse eines Hundes an einer bestimmten Sache erlöschen zu lassen,
- ist nichts für Anfänger und Kinder (da schwierig bis riskant in der Anwendung),
- ist nichts für unsichere oder »sture« Hunde (da Unsicherheit oder »Sturheit« dadurch meist verschlimmert werden),
- bei **V-** bleibt es, anders als bei **V+**, bei Immerverstärkung (s. S. 88).

Klare Anweisungen (»Platz!«) sind für Hunde allemal angenehmer und besser verständlich als dauerndes Genörgel (»Lass das! Hör endlich auf!«).

seine Flucht. Warten Sie ruhig ab. Sie dürfen ihm gern Deckung anbieten, indem Sie sich hinhocken und ihn dicht vor Ihre Beine nehmen, sollten ihn aber nicht streicheln oder auf ihn einreden. Hat er sich zumindest teilweise beruhigt oder überwiegt evtl. sogar wieder seine Neugier, markieren Sie diesen Moment am besten mit dem Clicker (notfalls mit einem anderen konditionierten positiven Verstärker **kV+**) und gehen unmittelbar danach als Belohnung sofort mit dem Hund aus der angsterregenden Situation heraus. (Ein Leckerchen kann er, wenn er mag, zusätzlich bekommen.) Dieses Vorgehen ist sehr wirksame negative Vestärkung **V-** für mutiges Verhalten und vor allem bei Welpen hervorragend geeignet, dem Hund eine wirksame Taktik zur Bewältigung von Angstsituationen beizubringen.

Abbruchsignal

Ein gut trainiertes Abbruchsignal ist ein Signal (in der Regel ein Hörzeichen), mit dem Sie Ihren Hund veranlassen können, fast alles zu unterbrechen (»abzubrechen«), was er gerade tut oder vorhat zu tun – zweifellos eine feine Sache. Einen Abbruch des Verhaltens kann man auf ganz verschiedene Weise erreichen. Das Abbruchsignal kann z.B. einfach ein zuverlässiger Rückruf sein: wenn Ihr Hund aus jeder Situation auf Ruf kommt, können Sie damit alle anderen Verhaltensweisen unterbrechen. Der Haken: so ein über positive Verstärkung **V+** trainiertes Rückrufsignal ist de facto ein konditionierter positiver Verstärker **kV+**. Sagen wir mal, Sie brechen damit häufig ein zu grobes Spiel Ihres Hundes mit anderen Hunden ab. Dann wird das nach den Regeln der positiven Ver-

Ein Hund kann sich nicht wirklich »schämen«. Er kann es wie hier nur auf Kommando als Trick lernen.

stärkung dazu führen, dass er häufiger grob spielt. So etwas kommt durchaus vor.

Oder Sie üben Ihr Abbruchsignal, indem Sie dem Hund ein Leckerchen hinhalten, »No« sagen und die Hand schließen, wenn er das Leckerchen nehmen will. Sobald er aufgibt, bekommt er aus der anderen Hand ein Leckerchen. Diese Methode verwendet positive Verstärkung **V+** und ein klein wenig negative Bestrafung **S-** und funktioniert an sich sehr gut. Aber auch hier wird das »No« zu einem konditionierten positiven Verstärker **kV+**: es bedeutet die Chance auf ein Leckerchen, der Hund hört es daher im Prinzip gern. D.h. falls Ihr Hund z.B. die unangenehme Angewohnheit hat, in die Leine zu beißen, und Sie dann jeweils Ihr positiv trainiertes »No« sagen, wird er im Prinzip fürs Leinebeißen noch verstärkt. Auch das ist nicht so weit hergeholt, wie es vielleicht aussehen mag.

Es macht daher zumindest bei manchen Hunden durchaus Sinn, zusätzlich Abbruchsignale als konditionierte positive Bestrafung **kS+** und/oder konditionierte negative Bestrafung **kS-** anzutrainieren. Soll Ihr Abbruchsignal (z.B. »Nein!«) eine **kS+** sein, lassen Sie ihm innerhalb von 1–2 Sekunden eine **S+** folgen, es sei denn, der Hund hätte sein Verhalten inzwischen schon abgebrochen. Wenn Sie wirklich konsequent sind und Ihr »Nein!« anfangs nur sagen, wenn Sie absolute Kontrolle über die Situation haben und bereit und in der Lage sind, eine **S+** folgen zu lassen, wird Ihr Hund es nach wenigen Wiederholungen begriffen haben. Wenn Sie aber wieder und wieder »Nein!« rufen, ohne dann auch Taten folgen zu lassen oder obwohl Sie gar nichts mehr machen können, weil Ihr Hund das unerwünschte Verhalten (z.B. Müll fressen) bereits ausführt, lernt er nur, Sie auszutricksen. Ihr »Nein!« bedeutet dann nämlich: »Friss den Müll schneller, bald kommt dein Mensch und stört dich!« oder: »Hau schnell mit dem gestohlenen Socken ab, sonst gibt's Ärger!« Obwohl Sie keinesfalls schreien sollten, ist es hilfreich, das »Nein!« etwas barscher und mit tiefer Stimme auszusprechen, wenn es eine **S+** ankündigen soll. Es ähnelt dann einem warnenden Knurren oder Bellen unter Hunden und wird von Ihrem Hund daher bis zu einem gewissen Grad instinktiv als Drohung erkannt.

Soll Ihr Abbruchsignal eine konditionierte negative Bestrafung **kS-** sein (z.B. »Äh-äh«), müssen Sie nur konse-

Fisher-Discs als Abbruchsignal

Fisher-Discs sind Messingscheiben an einer Schnur. Auch ihr Geräusch kann ein sehr wirkungsvolles Abbruchsignal sein. Das Klappern an sich würde bei den meisten Hunden gar nichts bewirken. Erst durch ein Vortraining erhält es seine Wirkung. Dabei legt man Leckerchen einzeln auf den Boden. Der Hund darf sie jeweils fressen. Nach mehreren Leckerchen tut man so, als würde man ein weiteres Leckerchen auf den Boden legen. Wenn der Hund sich der Stelle nähert, wirft man die Discs mit lautem Geklapper vor seine Nase auf den Boden. Beim ersten Mal beschnuppern die meisten Hunde nur die am Boden liegenden Scheiben und suchen das erwartete Leckerchen. Wiederholt man das »Antäuschen« und Werfen, zeigen aber die allermeisten Hunde etwa ab dem dritten oder vierten Mal deutliches Meideverhalten gegenüber dem Klappern. Der Hund weicht dann vor dem Geräusch und den Discs selber zurück und traut sich auch nicht mehr an ein auf dem Boden liegendes Leckerchen,

wenn man mit den Discs klappert, sobald er sich ihm nähern will. Man kann das Klappern dann als Abbruchsignal benutzen. Die oft erstaunlich starke Wirkung der Discs beruht vermutlich auf einer Kombination von positiver Bestrafung **S+** (Schreck) und negativer Bestrafung **S-** (das Leckerchen ist weg). Eine Rolle spielt vermutlich auch ebenso wie beim Clicker das besonders einprägsame und unverwechselbare Geräusch.

Dennoch sind die Discs kein Wundermittel. Stark motiviertes Verhalten wie Jagen oder Aggression lässt sich damit nur selten abbrechen, und viele Hunde gewöhnen sich nach 2–3 Wochen auch vollständig an das Geräusch, sodass es jede Wirkung verliert.

Bei Hunden, die sowieso geräuschängstlich oder schreckhaft sind, sollte man die Discs nicht anwenden!

Üblicherweise konditioniert auch nicht der Besitzer, sondern eine Hilfsperson den Hund auf die Discs, damit es keinen Knacks im Vertrauen gibt, falls er heftiger als erwartet reagiert.

quent dafür sorgen, dass Ihr Hund danach mit seinem Verhalten keinen unmittelbaren Erfolg hat. »Äh-äh« ist eher ein freundlicher Rat mit der Bedeutung: »Was du tust/vorhast, wird nicht klappen/wird nicht belohnt.« Es wird entsprechend freundlich, fast bedauernd, ausgesprochen. So ein »Äh-äh« ist – gefolgt von nicht belohnen oder verschärft: sich wenige Sekunden lang vom Hund abwenden – auch die einzige »negative Maßnahme«, die im Bereich der Ausbildung sinnvoll sein kann. Sie informieren Ihren Hund damit z.B., dass er beim Formen (siehe Seite 12) gerade völlig auf dem Holzweg ist oder bei Übungen zur Signalkontrolle zwei Signale verwechselt. Erfahrene Hunde korrigieren sich daraufhin häufig selbst. Allerdings kann man das »Äh-äh« in der Ausbildung auch missbrauchen, nämlich wenn man es so häufig einsetzt, dass für den Hund psychischer Druck und Stress aufgrund von zu viel Frust entsteht.

Im Alltag könnte der Einsatz folgendermaßen aussehen: Ihr Hund will an einem Teller schnuppern, der auf dem Tisch steht. Sie sagen »Äh-äh« und schieben den Teller außer Reichweite oder die Hundenase sanft beiseite. Oder Ihr Hund will in eine fremde Hofeinfahrt und Sie halten ihn mit einem »Äh-äh« mit der Leine zurück. Interessanterweise lassen sich viele Hunde mit so einer konditionierten negativen Bestrafung **kS-** besser von unerwünschtem Verhalten abhalten als mit einer konditionierten positiven Bestrafung **kS+**, vor allem wenn sie sie von der Ausbildung her kennen.

Positive Strafe

Ehrlich gesagt habe ich gar keine Lust, über dieses Thema zu schreiben. Ganz auslassen kann man es aber leider auch nicht. Na dann ...

Im Kasten auf Seite 75 finden Sie die wichtigsten Regeln für die effektive Anwendung von positiver Bestrafung **S+**. Falls Sie überlegen, ein bereits bestehendes Problemverhalten Ihres Hundes wie z.B. Jagen, Aggression, Klauen, Anspringen, Müll fressen usw. mit Strafe »abzustellen«, benutzen Sie die Liste als Checkliste: nur wenn Sie alle Punkte erfüllen können, »eignet« sich das Verhalten für die Anwendung von **S+**. Eigentlich können Sie sich die Mühe aber sparen, denn ich kann Ihnen prophezeien, dass Sie nicht alle Punkte werden erfüllen können, allein schon, weil Sie Ihren Hund nicht mehr beim ersten Mal erwischen. Können Sie aber auch nur einen Punkt nicht erfüllen, sinken die Aussichten, dass sich das Verhalten mit Strafe nachhaltig verändern lässt, ungefähr auf Null. Sie brauchen es also gar nicht erst mit Strafe zu versuchen.

Aber es kommt noch schlimmer: eine Strafe, die nicht richtig wirkt, richtet nur allzu oft erheblichen Schaden an. Nicht nur dass durch Stress, Angst und Wut die Lebensqualität von Hund (und Halter!) beeinträchtigt wird. Problemverhalten, das öfter erfolglos bestraft wurde, verschlimmert sich häufig auch noch erheblich, während gleichzeitig die Teile der Hund-Halter-Beziehung, die geeignet wären, das Problem zu beheben, Schaden nehmen. Zudem entwickeln sich durch falsch eingesetzte Strafen nicht selten zusätzliche Probleme an anderer Stelle. Einige Beispiele:

- Die Erwachsenen des Haushalts bestrafen den Hund wiederholt dafür, dass er Gegenstände geklaut hat. Da er zu spät erwischt wird, klaut er weiter, verknüpft jedoch die Annäherung von Menschen, wenn er einen Gegenstand hat, als bedrohlich. Vor den Erwachsenen »kuscht« er. Als aber die 8-jährige Tochter dem Hund ihre (von ihm geklaute) Puppe wegnehmen will, beißt er zu.
- Ein Hund wird mehrfach hart dafür bestraft, dass er das ihn schon längere Zeit nervende Kleinkind leise anknurrt. Ein paar Monate später beißt er in einer ähnlichen Situation »ohne jede Vorwarnung« zu. Ihm wurde ja beigebracht, dass er nicht warnen darf. Da ihm aber auch nicht geholfen wurde, sein Problem auf andere Weise zu lösen (z.B. indem man aufpasst, wann es ihm zu viel wird) und er vermutlich auch noch Stress mit der Anwesenheit des Kindes verknüpft hat, blieb ihm sozusagen nichts anderes übrig.
- Ein Hund wird mehrfach bestraft, nachdem er gejagt hat. Im Laufe der Zeit läuft er immer öfter weg, da er seinen Besitzer zunehmend mit Unannehmlichkeiten verknüpft. Er bleibt immer länger fort, da er sich nicht nach Hause traut. Er kommt auch immer schlechter auf Ruf und lässt sich oft nicht mehr greifen, da er befürchtet, wieder bestraft zu werden.
- Ein Hund wird unsystematisch mit harten Leinenrucken an der Würgekette fürs Ziehen bestraft. Statt besser wird das Ziehen schlimmer. Der Hund zieht, bis seine Zunge blau wird.

Herumschimpfen bringt selten etwas. Auch dieser Hund versteht offenbar gar nicht, worum es geht.

Ein so freudiges Kommen auf Ruf, wie es Yessi, Byla und Antis hier zeigen, erreicht man mit negativer Verstärkung oder Strafe jedenfalls nicht.

Den Zusammenhang zwischen den Rucken und seinem Verhalten kann er nicht begreifen. Aus Angst vor den schmerzhaften Rucken »flieht« er aber, sobald er angeleint ist, aus der Situation. Auch bei Hundebegegnungen an der Leine wird er immer öfter aggressiv, da er an der Leine unter Dauerstress steht und in der Nähe anderer Hunde oft noch mehr Rucke als sonst bekommt.

Das Einsatzgebiet von positiver Strafe ist also viel kleiner, als man gemeinhin glaubt. Es umfasst im Grunde nur ganz wenige Verhaltensweisen nach dem Motto »Wehret den Anfängen«. Da man naturgemäß nur bei Welpen und evtl. noch bei gerade neu angeschafften erwachsenen Hunden Gelegenheit hat, Verhalten zu bestrafen, wenn es erstmals auftritt, hat man auch nur bei ihnen eine reelle Chance, mit Strafe viel zu erreichen. Dem gegenüber stehen die Risiken und Nebenwirkungen von Strafe und negativer Verstärkung (siehe Kasten auf Seite 68), sodass man von einer »weiträumigen« Anwendung gerade bei Welpen abraten muss. Dennoch gibt es ab und zu einzelne Situationen, in denen eine Strafe beim Welpen vertretbar und angebracht ist, z.B. das schon genannte Anfressen von Stromkabeln und das Zaunspringen.

Je nach Situation eignet sich als positive Strafe:

- konditionierte positive Strafe **ks+**, böses Anstarren und eine schnelle, drohende Bewegung auf den Hund zu,
- ein relativ hartes und kurzes Wegschubsen,
- ein geräuschvoller Schlag (oder ein Aufstampfen) o. ä. vor der vorwitzigen Hundenase auf den Boden (Tisch usw.),
- ein symbolischer Schnauzgriff (eher in ruhigen Situationen),
- bei Welpen ausnahmsweise ein kurzes Hinunterdrücken im Nackenbereich,
- eher bei erwachsenen Hunden: einen klappernden Gegenstand neben dem Hund auf den Boden werfen oder ihm einen weichen Gegenstand ans Hinterteil werfen,
- Wasser (aus Wasserpistole, Blumensprühflasche, Gartenschlauch),
- gegen das Anknabbern von Möbeln etc.: eine bittere Substanz darauf streichen.

Bei vielen Hunden kommt man mit dem ersten Punkt, nur wenige Male gefolgt von Punkt zwei und drei, aus. Muss man dasselbe Verhalten öfter als ca. 4 mal bestrafen, läuft sowieso etwas grundsätzlich verkehrt.

Positive Strafe richtig einsetzen

- Ausschließlich im richtigen Moment (0,5–1 Sekunde nach der »Tat«) strafen.
- Optimal wirkt Strafe nur, wenn man den Hund beim ersten Mal erwischt.
- Man muss gewährleisten können, dass der Hund für das betreffende Verhalten ausnahmslos jedes Mal bestraft wird, bis er es sich ganz abgewöhnt hat.
- Die Strafe muss so hart sein, dass der Hund das Verhalten augenblicklich beendet.
- Der Hund darf keine Chance haben, sich der Strafe zu entziehen.
- Man darf der Strafe nicht unmittelbar eine Belohnung (positive Verstärkung **V+**) oder Lob (konditionierte positive Verstärkung **kV+**) folgen lassen, sonst hebt man die Wirkung wieder auf.

Trainingseinheiten gestalten

77 ▸ Trainingsplan und Trainingstagebuch
78 ▸ Wie oft üben?
78 ▸ Eine Trainingseinheit gestalten
80 ▸ Die richtige Lernumgebung
80 ▸ Vorsicht – Überforderung!
83 ▸ Beschwichtigungsgesten
84 ▸ Fortschritte erzielen, Übungen weiterentwickeln
84 ▸ Kleine Schritte – hohe Belohnungsrate
85 ▸ Nur ein Kriterium zur Zeit üben
87 ▸ Übungen kombinieren
88 ▸ Belohnungen abbauen
81 ▸▸ Übung 18: Spontaner Blickkontakt
84 ▸▸ Übung 19: Belohnungen abbauen
85 ▸▸ Übung 20: In kleinen Schritten üben
87 ▸▸ Übung 21: Übungen zerlegen

Wer kein Ziel hat, kann auch keines erreichen.

Laotse

Trainingsplan und Trainingstagebuch

Ein schriftlicher Trainingsplan ist eine feine Sache. Man schreibt ihn, legt ihn weg, findet ihn Monate später wieder und stellt fest, dass man sich kaum daran gehalten hat. Trotzdem hat man die meisten der dort festgelegten Ziele inzwischen erreicht. Andere sind in Vergessenheit geraten oder unwichtig geworden. Mit dem Trainingstagebuch ist es ähnlich: man führt zwar eines (sofern die knappe Zeit es zulässt), kommt aber nie dazu, die dort aufgezeichneten Beobachtungen systematisch auszuwerten. Jedenfalls geht es mir so, und ich vermute, dass ich nicht die Einzige bin. Dennoch hat beides, sogar in dieser lässigen Form, viele Vorteile. Der schriftliche Plan hilft, die Trainingsziele zu strukturieren, und ist gleichzeitig eine Art Standortbestimmung: wo stehe ich jetzt, wo will ich hin? Möchte man in kurzer Zeit ein bestimmtes Ziel (z.B. eine Sportprüfung) erreichen, ist eine solche Planung praktisch unverzichtbar, um den Überblick zu behalten und die Trainingszeit effektiv zu nutzen. Beim Schreiben eines Tagebuchs werden Zusammenhänge klar und man verarbeitet Enttäuschung oder Ärger besser. Oft erkennt man eigene Fehler oder Ursachen für Probleme auch erst beim Formulieren. Bei der Ausbildung eines Arbeitshundes (z.B. Blindenführhund) sind genaue Aufzeichnungen wichtig, um zu dokumentieren, dass man alle nötigen Trainingsschritte abgedeckt hat. Nicht zuletzt ist das Tagebuch später eine wundervolle Erinnerung.

Wie oft üben?

Üben Sie nur dann mit Ihrem Hund, wenn Sie wirklich Lust dazu haben! Ansonsten übertragen Sie Ihre Unlust auf den Hund und werden unwillkürlich ungeduldig und unwirsch, wenn etwas nicht sofort klappt. Es ist daher wesentlich besser, nur 2- oder 3-mal die Woche locker und mit Spaß zu üben, als täglich widerwillig ein Pflichtprogramm durchzuziehen. Überhaupt spricht sich langsam herum, dass Pausen von mehreren Tagen zwischen zwei Trainingseinheiten kein Nachteil oder Zeitverlust sind, sondern im Gegenteil sehr sinnvoll. Erstens kommt eine »Bitte nicht schon wieder!«-Haltung gar nicht erst auf. Zweitens scheint eine etwas längere Pause hilfreich für die Verarbeitung des Gelernten im Hirn zu sein. Möchten Sie öfter üben, ist es besser, den Lernstoff in zwei oder drei »Themen« aufzuteilen und jeden Tag an einem anderen Thema zu üben. Wegen des hohen Stresslevels sollten Sie auch Dinge wie einen Besuch in der Innenstadt mit dem Welpen oder das Üben von Hundebegegnungen mit einem gegen Hunde aggressiven Hund besser nur maximal 2-mal pro Woche trainieren.

Rechts ein Beispiel für einen Trainingsplan zur Vorbereitung auf die Begleithundprüfung und Agilityturniere. Wenn Sie nicht ganz so systematisch vorgehen, macht das natürlich nichts. Evtl. bemerken Sie aber nach einer Weile, dass Sie eine bestimmte Sparte vernachlässigt haben, z. B. weil Sie sie selber langweilig finden.

Eine Trainingseinheit gestalten

Üben Sie nicht zu lange am Stück! Bei Welpen oder Anfängerhunden, die noch kein Training mit dem Menschen gewöhnt sind, sind ein bis zwei Minuten anfangs vollauf genug. In den ersten Wochen nehmen Sie am besten auch nur eine einzige Übung pro Einheit durch, um den Hund nicht zu verwirren.

Hören Sie auf, wenn Sie einen kleinen Fortschritt erreicht haben, auch wenn das schon nach wenigen Wiederholungen der Fall ist. Öfter als ca. 12-mal sollten Sie die Übung auch mit einem eifrigen Anfängerhund

Trainingsplan

Montag: frei
Dienstag: »Unterordnung«, Betonung auf »Fuß« und »Bleib«
Mittwoch: Agility – einzelne Hindernisse und Hinderniskombinationen
Donnerstag: »Unterordnung«, Betonung auf Kommen, Grundstellung, »Sitz/Platz« aus der Bewegung
Freitag: Übungsspaziergang in belebter Umgebung (Stadt, Park ...)
Samstag: Fun-Tag: Tricks, Shaping, Gruppenarbeit mit anderen o.ä.
Sonntag: Agility – ganze Parcoure und Parcoursausschnitte

nicht wiederholen. Machen Sie ggf. lieber mehrere kleine Einheiten pro Tag.

Bei der weiteren Ausbildung können Sie im Prinzip bei solch kurzen Lektionen bleiben. Allerdings kann sich der erfahrenere Hund deutlich länger konzentrieren. Sie können also ruhig 10 oder 15 Minuten am Stück üben, sofern Ihr Hund so lange mit Begeisterung bei der Sache ist. Nehmen Sie nun auch ruhig mehrere verschiedene Übungen pro Trainingseinheit durch, wobei für einen »Durchgang« ein und derselben Übung weiterhin ca. 6–12 Wiederholungen genug sind. Mit kleinen Pausen arbeiten viele Hunde natürlich auch weitaus länger als 10–15 Minuten, aber Sie werden in der Regel feststellen, dass man etwas, das man in 5 Minuten nicht erreicht hat, in 30 Minuten erst recht nicht erreicht. Verbiestern Sie bloß nicht in dem Versuch, unbedingt in einer bestimmten Trainingseinheit ein bestimmtes Ziel durchzupauken! Klappt etwas nicht so gut, nehmen Sie es gelassen. Morgen ist auch noch ein Tag.

Falls Ihr Hund bei einer Übung einen bedeutenden Fortschritt gemacht hat (einen »Durchbruch« hatte), sollten Sie diese Übung in dieser Trainingseinheit nicht mehr wiederholen. Das unselige »nur einmal noch« endet nur allzu oft in Frust und Enttäuschung, denn meist lässt sich der Höhepunkt nicht sofort ein zweites Mal erreichen. Also »feiern« Sie mit Ihrem Hund gebührend den Erfolg und hören auf oder üben etwas ganz anderes.

Am Ende der Trainingseinheit dürfen Sie Ihren Hund nicht einfach stehen lassen. Wenn er gerade so richtig Spaß am Lernen hat, wäre das für ihn eine Strafe (**S-**). Lassen Sie das Training also sanft ausklingen und »regeln« Sie Ihren Hund ggf. wieder herunter, z.B. durch einen kleinen Spaziergang oder ein kurzes Spiel oder indem sie ihm etwas zu kauen geben. Ein Kurzritual zum Beenden der Lektion ist das Verstreuen von ein paar Leckerchen, die der Hund suchen darf.

Das Training immer wieder zu unterbrechen, um im Trainingsplan nachzulesen, wäre für den Hund Frust pur.

Falls Sie Ihren Hund bei den Vorbereitungen zum Training (z.B. Leckerchen zerkleinern, Trainingsutensilien einpacken) zusehen lassen, wird er optimal auf das Kommende eingestimmt. Üben Sie stets mit demselben ausführlichen Eingangsritual, kann das allerdings dazu führen, dass Ihr Hund bei einem »Kaltstart« ohne das Ritual (z.B. bei einer Prüfung oder im Alltag) völlig versagt.

Die richtige Lernumgebung

Zum Einüben von Neuem brauchen Sie und Ihr Hund eine optimale Lernumgebung, in der Sie sich beide sicher fühlen und nicht abgelenkt werden. Hunde lernen sehr stark ortsverknüpft. Bestimmen Sie z.B. einen Raum in der Wohnung, eine Ecke im Garten oder eine ruhige Stelle des Spazierwegs zum Trainingsplatz. Ihr Hund wird schon in eine lernbereite Stimmung geraten, wenn Sie einen solchen Ort aufsuchen. Gehen Sie ruhig auch innerhalb einer Trainingseinheit für jede neue Übung an eine andere Stelle. Arbeiten Sie z.B. in der Küche am Formen des Apportierens, im Flur an der »Sitz«-Übung und im Wohnzimmer am »Platz-Bleib«. So schaffen Sie deutliche Vorsignale (siehe Seite 48), die es Ihrem Hund erleichtern, zu erkennen, was Sie gerade von ihm wollen. Sobald die neue Übung einigermaßen klappt, üben Sie sie auch an Ihren anderen »Trainingsplätzen«, damit sie nicht zu stark mit einem bestimmten Ort verknüpft wird.

Wenn Sie Tricks ausschließlich im stillen Kämmerlein üben, könnte Ihr Hund bei einer »öffentlichen« Vorführung völlig versagen.

Wenn Ihr Hund umweltsicher ist und Sie die ersten Generalisierungsübungen (siehe Seite 49) in vertrauter Umgebung absolviert haben, sollte es kein allzu großes Problem sein, das Gelernte auf fremde Orte und Situationen zu übertragen. Natürlich wird Ihr Hund aufgrund der größeren Ablenkung anfangs Schwierigkeiten haben, sich zu konzentrieren. Investieren Sie daher vor allem mit einem jungen Hund ca. zwei Wochen in die vorbereitende Übung »Spontaner Blickkontakt« (siehe Seite 81). Sie eignet sich auch später gut als Eingangsritual fürs Üben in neuen Situationen oder zum Einstimmen des Hundes vor einer Prüfung. Ist Ihr Hund umweltunsicher oder hat mit Ängsten zu kämpfen, werden Sie allerdings beim Üben in fremder Umgebung an Grenzen stoßen. Das Bedürfnis Ihres Hundes, sich zu vergewissern, dass ihm keine Gefahr droht, ist evtl. auf Dauer so groß, dass er sich immer nur kurz auf Sie konzentrieren kann.

Vorsicht – Überforderung!

Woran erkennen Sie, dass Ihr Hund überfordert ist? Ganz einfach: er macht nicht mehr richtig mit! Er verliert das Interesse, kratzt sich dauernd, gähnt viel, sucht endlos nach heruntergefallenen Leckerchen oder wandert

Übung 18: Spontaner Blickkontakt

Jamie beherrscht diese wichtige Basisübung bereits mit elf Wochen.

Sie stehen mit dem angeleinten Hund irgendwo herum, halten den Clicker bereit (alternativ: einen anderen konditionierten positiven Verstärker **kV+** verwenden) und beobachten Ihren Hund. In fremder, aufregender Umgebung wird er vermutlich zuerst eine ganze Weile gucken und/oder den Boden absuchen. Lassen Sie ihn. Er braucht das Gucken und Schnuppern dringend, um sich sicher zu fühlen. Irgendwann ist er fertig und wendet sich Ihnen zu oder schaut Sie sogar an. Es reicht, wenn er auf Ihren Körper oder Ihre Hände guckt. Sobald er das tut: Click und Leckerchen gut sichtbar auf den Boden werfen. Das Suchen erhöht die Motivation und baut Stress ab. Zudem muss Ihr Hund sich jeweils »bewusst« wieder entscheiden, Sie anzusehen. Locken Sie ihn nicht und sagen Sie nichts. Nur wenn er sich Ihnen von selbst zuwendet, können Sie sicher sein, dass er sich wirklich konzentrieren kann. Machen Sie weiter, bis er, jeweils nachdem er ein Leckerchen gefressen hat, fast sofort wieder zu Ihnen schaut. Er ist nun bereit, mit Ihnen zu arbeiten. Hat es bis hierher ziemlich lange gedauert, lassen Sie es für diesmal gut sein – das Wichtigste ist bereits geschafft. Verschieben Sie das »richtige« Üben an diesem Ort auf ein anderes Mal.

einfach weg. Einige Hunde regen sich auch auf, werden hibbelig, werfen Verhaltensweisen durcheinander oder nehmen sie vorweg oder werden »laut« (jaulen oder bellen). Bei zunehmender Belastung sieht man eine deutliche Zunahme von »schwierigem« Verhalten wie Leine beißen, anspringen, grob spielen, Aggression gegen andere Hunde, unkontrollierbares Herumrennen u.ä. Das ist kein Zeichen von Aufsässigkeit oder »Dominanz«, sondern von Ermüdung, Verunsicherung oder Stress (der wiederum das Lernen blockiert). Üblicherweise sind ein oder mehrere der folgenden Trainingsfehler die Ursache:

- Zu viel bzw. überhaupt Zwang anwenden oder psychischen Druck ausüben,
- Ungeduld oder schlechte Laune des Trainers,
- zu lange Trainingseinheiten,
- zu wenige Pausen,

Vermehrtes Schnuppern und Naselecken kann u. U. ein Zeichen von Stress oder eine Beschwichtigungsgeste sein.

- wirre Signalgebung,
- widersprüchliche oder bedrohliche Körpersprache.
- Zu selten belohnen,
- zu hohe Anforderungen: die Schwierigkeit zu schnell erhöhen, Kriterien durcheinander werfen, an mehreren Kriterien zugleich arbeiten (siehe Seite 85). Diese beiden Punkte bedingen einander: wenn man zu viel verlangt, wird es für den Hund zu schwer, sich Belohnungen zu verdienen.
- Die Lernumgebung ist zu schwierig oder der Hund hat vor etwas Angst.
- Bei Gruppenübungen: der Hund fühlt sich von Artgenossen oder Menschen bedroht, seine Individualdistanz wird immer wieder unterschritten. (Für Hunde mit schwachem Nervenkostüm ist der Trubel in einer Gruppenstunde manchmal grundsätzlich zu viel.)

Zeigt Ihr Hund Anzeichen stärkeren Stresses, ist das ein Alarmsignal! Brechen Sie das Training freundlich ab und überlegen Sie später in Ruhe, was schief gelaufen ist. Falls es häufig solche Schwierigkeiten gibt, versuchen Sie, einen erfahrenen Beobachter oder Trainer zu finden, der Ihnen beim Training zuschaut und Sie auf Fehler aufmerksam macht. Manchmal erkennt man eigene Fehler auch sofort, wenn man sich in einem Videofilm selbst sehen kann.

Wenn Ihr Hund nur ein wenig fahrig wird, braucht er vermutlich einfach eine Pause. Respektieren Sie also sein Bedürfnis nach Ruhe und lassen Sie zu, dass er sich die kleine »Auszeit« verschafft. Oft reichen einige Momente des Herumschnüffelns oder Löcher-in-die-Luft-Starrens und Ihr Hund kommt von selbst wieder zum Training zurück. Setzen Sie ihn unter Druck, untergräbt das nur sein Vertrauen in Ihre Fähigkeiten als Anführer. Und fordern Sie ihn immer wieder über seine Erschöpfungsgrenze hinaus, zerstört das dauerhaft seine Arbeitsmoral und Motivation. Hat Ihr Hund manchmal von Anfang an keine Lust zum Üben, verzichten Sie besser darauf. Häufig stellt sich später heraus, dass ein gesundheitliches Problem die Ursache war.

Geht Ihr Hund oft »schwänzen« oder hat keine Lust, arbeiten Sie hart an Ihrer Trainingstechnik und üben künftig nicht mehr so lange am Stück bzw. machen mehr Pausen. Eine Minipause entsteht z.B., wenn Sie zwischendurch neue Leckerchen zerkleinern oder weitere Trainingsutensilien holen und Ihren Hund derweil ein wenig herumbummeln lassen. Auch ein paar Leckerchen zum Suchen ins Gras zu werfen, schafft einen Augenblick der Zerstreuung zwischen zwei Übungen. Ist Ihr Hund sehr lebhaft, entlastet ihn vielleicht auch ein kurzes Spiel vorübergehend von der beim Training meist geforderten Selbstbeherrschung und Konzentration.

Macht Ihr Hund vermehrt Beschwichtigungsgesten, fühlt er sich evtl. von Ihnen bedroht. Falls Sie ungeduldig oder gereizt sind, beenden Sie das Training. Sie werden sowieso nichts erreichen, aber mit hoher Wahrscheinlichkeit Schaden anrichten. Achten Sie ansonsten darauf, dass Ihre Körpersprache nicht bedrohlich ist (siehe auch unter Flow, Seite 35). Senden Sie evtl. selbst ein paar Calming signals aus (z.B. betont weggucken oder langsam und in einem Bogen auf den Hund zugehen), um Ihrem Hund zu zeigen, dass Sie es »nicht so meinen«. In einer Gruppenübung kann die Bedrohung auch von anderen Hunden oder Menschen ausgehen. Dann braucht Ihr Hund dringend zumindest mehr Raum um sich.

Man vergisst leicht, dass das Training nicht nur mental, sondern auch körperlich anstrengend für den Hund ist. Längere Zeit still zu sitzen ist z.B. gerade für Welpen sehr ermüdend. Auch für längeres Bei-Fuß-Gehen, Sprünge, Drehungen usw. muss der Hund erst die entprechende Muskulatur aufbauen.

Beschwichtigungsgesten

Calming signals sind:

- betontes Vermeiden von Blickkontakt
- Abwenden des Kopfes
- Abwenden des ganzen Körpers, Rücken zudrehen
- Lecken der eigenen Schnauze
- gehemmte und langsame Bewegungen
- Pfote geben oder anheben
- verdächtig viel am Boden schnuppern
- einen Bogen machen, ausweichen

Lupa ist nicht etwa stur, sondern gestresst und beschwichtigt durch Wegschauen, da sie sich durch Giselas Körpersprache bedroht fühlt.

Fortschritte erzielen, Übungen weiterentwickeln

Der wohl häufigste und schwerwiegendste Fehler ist, den Schwierigkeitsgrad der Übungen immer wieder zu schnell zu steigern. Um nicht in diese Falle zu gehen, versuchen Sie, den Lernprozess ein wenig aus Sicht Ihres Hundes zu betrachten. Da Ihr Hund nie weiß, was das Ziel ist, kann er Zufriedenheit nicht wie Sie daraus ziehen, wie nahe er dem Ziel schon gekommen ist. Aus seiner Sicht muss sich das Training in jedem Moment lohnen, nicht erst am Ende. Wenn Sie die Verstärkungsrate (= Belohnungshäufigkeit) zu schnell senken oder die Anforderungen so rasch anziehen, dass er es nicht mehr schafft, sich oft genug eine Belohnung zu verdienen (was genau betrachtet dasselbe ist), klinkt er sich aus dem Trainingsprozess aus. Sie können das an den im vorigen Abschnitt beschriebenen Verhaltensweisen erkennen.

▸ Kleine Schritte – hohe Belohnungsrate

Es gibt eine Faustregel dafür, wie viele Belohnungen pro Minute ein Hund beim Einüben eines neuen Verhaltens bekommen sollte: allermindestens 6, gern auch doppelt so viel. Natürlich kann das nur eine grobe Richtlinie sein. Die Art der Übung und die Persönlichkeit Ihres Hundes spielen eine große Rolle.

Anforderungen in kleine Schritte aufzuteilen, ist Übungssache. Anfangs fehlt es einem oft einfach an Vorstellungsvermögen. Ein Beispiel: mein Antis hatte (relativ mühsam) gelernt, ein Apportierholz aus meiner Hand zu nehmen. Er nahm es jedoch nicht vom Boden auf. Damals fielen mir noch keine entsprechenden Zwischenschritte ein. Ich legte daher das Holz auf den Boden und »ärgerte« den hungrigen Antis so lange mit Wurst, bis er sich, jaulend und hechelnd, überwand und das Holz hochnahm. Ich hatte – wie ich heute weiß – mehr Glück als Verstand. Antis hätte sich auch vor lauter Stress völlig verweigern können. Dabei war das Ganze gar nicht nötig. Zwischen »Apportierholz in der Hand« und »Apportierholz auf dem Boden« kann man innerhalb weniger Trainingsminuten ganz einfach mindestens 20 Zwischenstufen machen, indem man das Holz immer etwas tiefer

Übung 19: Belohnungen abbauen

Stellen Sie eine Situation, in der die Verstärkungsrate plötzlich abfällt, um einen Blick dafür zu bekommen, wie Ihr Hund darauf reagiert. Nehmen Sie ein Verhalten, über das Sie schon gute Signalkontrolle haben, in dem Ihr Hund aber noch nicht allzu viel Routine hat. Lassen Sie ihn das Verhalten mehrfach wiederholen und belohnen Sie ihn die ersten 5- bis 6-mal jedes Mal. Dann hören Sie plötzlich auf, ihn zu belohnen. Zählen Sie mit: nach wie vielen Wiederholungen ohne Belohnung zeigt Ihr Hund Unwillen oder Stress? Wie äußert sich das?

Ronjas Fortschritte beim »Winken«: sie muss die Pfote nach und nach immer höher halten, um einen Click (und ein Leckerchen) zu bekommen.

hält und es, wenn es am Boden liegt, erst noch mit der Hand berührt.

Weitere Beispiele:

- Wenn Ihr Hund nicht »in einem Zug« ins Platz gehen mag, belohnen Sie ihn anfangs ein paarmal, wenn er nur halb hinuntergeht.
- Wenn Ihr Hund sich nicht auf ein Hindernis traut, belohnen Sie ihn erst für die Annäherung, dann dafür, dass er es beschnuppert oder anstupst, dann dafür, dass er dicht davor steht und zaghaft eine Pfote hebt, dann dafür, dass er das Hindernis mit einer Pfote berührt usw.
- Wenn Ihr Hund Apportieren lernen soll, belohnen Sie ihn anfangs für jedes Interesse an dem Gegenstand, dann dafür, dass er ihn anstupst, ihn mit geöffneter Schnauze anstupst, ihn beleckt, ihn umfasst, ihn länger umfasst usw.

▸ Nur ein Kriterium zur Zeit üben

Im Abschnitt »Formen« (auf Seite 12) war davon schon einmal die Rede: es ist wichtig, bei einer Übung jeweils nur an einem Kriterium zur selben Zeit zu arbeiten, sonst gerät der Hund durcheinander. Ein Kriterium ist eines der verschiedenen Details der Gesamtaufgabe, die man vom Hund erwartet. Kriterien für »Sitz« sind z.B.: sich

Übung 20:
In kleinen Schritten üben

Üben Sie sich darin, Aufgaben für Ihren Hund in kleine Schritte aufzuteilen. Suchen Sie sich Beispielübungen aus und schreiben Sie zu jeder Übung mindestens 20 Zwischenschritte vom Beginn bis zum Zielverhalten auf.

Das Abbauen starker Hilfen, wie hier das Locken mit einem Leckerchen, sollte möglichst früh im Trainingsprozess erfolgen.

überhaupt hinsetzen, evtl. sich auf eine bestimmte Weise hinsetzen (gerade, aufrecht usw.), sich auf Signal hinsetzen, schnell auf das Signal reagieren (nicht zögern oder vorher noch ein paar Schritte gehen), sitzen bleiben bis zu einem anderen Signal, sitzen bleiben obwohl sich der Mensch entfernt, sitzen bleiben trotz Ablenkung.

Kriterien für sportliches Bei-Fuß-Gehen könnten sein: Aufmerksamkeit auf den Menschen richten (Blickkontakt), Blickkontakt halten im Gehen, nur links gehen, gerade gehen (parallel zum Menschen), auf der richtigen Höhe gehen, eng am Bein gehen, längere Strecken mitgehen, Schlangenlinien, Winkel, Kehrtwendungen und Tempowechsel mitmachen, an Ablenkungen vorbeigehen usw.

Übungen in verschiedene Kriterien zu zerlegen und zu beurteilen, welches man am besten zuerst trainiert, lernt man durch Erfahrung. Theoretisch wäre die Reihenfolge egal, praktisch ist sie das nicht unbedingt. Manche Kriterien trainiert man besser früh im Lernprozess, da sie sich erfahrungsgemäß später nur noch schwer verändern lassen. Das gilt z.B. für die Art, wie der Hund ins Platz geht, oder das Kriterium »parallel zum Menschen sitzen« bei der Grundstellung. Gewisse Kriterien bauen auch aufeinander auf, z.B. Bei-Fuß-Gehen auf Aufmerksamkeit.

Sie konzentrieren sich also beim Üben zunächst auf ein Kriterium und belohnen Ihren Hund, wenn er dieses erfüllt. Alles andere ist nebensächlich. Wenn er das Kriterium erfüllt (d.h. er zeigt es in etwa gleich bleibender Qualität, obwohl Sie ihn dafür nicht mehr jedes Mal belohnen), richten Sie Ihre Aufmerksamkeit (und damit auch die Ihres Hundes) auf das nächste Kriterium. Was passiert dann mit den bisher erreichten Kriterien? Sie werden vermutlich vorübergehend wieder deutlich schlechter. Am Beispiel »Fuß«: Ihr Hund geht bereits aufmerksam neben Ihnen her. Als Nächstes belohnen Sie ihn nur noch, wenn er gerade (parallel zu Ihnen) geht. Wird er weiter so schön aufmerksam sein wie bisher? Vermutlich nicht. Während er versucht, sich an das neue Kriterium anzupassen, »verbraucht« es fast seine ganze Konzentration, sodass für die alten nicht mehr viel übrig bleibt. Das macht jedoch nichts. Bleiben Sie einfach bei Ihrem neuen Kriterium, kümmern sich nicht um die anderen und haben Sie etwas Geduld. Die Verschlechterung ist nur vorübergehend. Sobald Ihr Hund die neue Anforderung verarbeitet hat, erfüllt er ganz von selbst auch die »alten« Kriterien wieder richtig. Sie können ihn dann ein paar Trainingseinheiten hindurch dafür belohnen, dass er gerade und aufmerksam mitgeht, ehe Sie das nächste Kriterium dazunehmen.

Übung 21: Übungen zerlegen

Überlegen Sie sich zu einigen Übungen, aus welchen Kriterien sie bestehen und in welcher Reihenfolge man diese vermutlich am besten trainiert.

Übungen kombinieren

Immer wenn Sie zwei Übungen oder Übungselemente miteinander verknüpfen, die Ihr Hund einzeln schon kann, passiert dasselbe wie beim Wechseln zu einem neuen Kriterium: Teile der Übung verschlechtern sich vorübergehend drastisch. Belohnen Sie dann ausnahmsweise einige wenige Male schon Halbheiten. Das hilft Ihrem Hund sehr schnell über die Verunsicherung hinweg.

Ein Beispiel: Sie wollen »Sitz-Bleib« mit Pfote geben zum Winken verbinden. Lassen Sie Ihren Hund »Sitz« machen, gehen 1–2 m weg und geben ihm das Signal für »Pfote geben«. Möglicherweise steht er auf und kommt auf Sie zu. In dem Fall sagen Sie freundlich »Äh–äh« (konditionierte negative Bestrafung **kS-**) und beginnen von vorn. Falls er aber im Sitzen auch nur andeutungsweise eine Pfote bewegt, egal wie zögernd oder gering die Bewegung ausfällt, verstärken Sie das sofort (konditionierter positiver Verstärker **kV+** und Jackpot). Ihr Hund wird dann bereits nach wenigen Wiederholungen »winken«. Wollten Sie dagegen sofort Perfektion, könnte

Immer auf gleicher Höhe bleiben und gleichzeitig aufmerksam hochgucken – das geht erst nach einiger Übung.

Ein noch nicht fertig trainierter Hund wird das Apportel vermutlich fallen lassen, wenn er jetzt ein »Sitz« oder »Platz« hört.

Ihr Hund Ihre Erwartung nicht erfüllen, wäre überfordert und würde in Stress geraten und evtl. völlig »versagen«.

Weitere Beispiele: Apportieren über eine Hürde oder »Sitz« mit Apportierholz im Maul (der Hund wird das Holz anfangs vermutlich fallen lassen – trotzdem 2-bis 3-mal schon den Versuch belohnen!). »Platz« aus der Bewegung (Sie geben im Bei-Fuß-Gehen das Signal für »Platz« und gehen weiter, während Ihr Hund sich legt): Ihr Hund wird vermutlich zwar stehen bleiben, aber sich nicht hinlegen – belohnen Sie das Stehenbleiben. Einen Gegenstand mit Ihrem Geruch suchen und apportieren: er wird ihn vermutlich die ersten Male zwar finden (anstupsen), aber nicht apportieren – belohnen Sie das Stupsen.

Belohnungen abbauen

Vorweg gesagt: es besteht aus Sicht der Lerntheorie keine echte Notwendigkeit, die Belohnungshäufigkeit sehr stark herunterzufahren. Den Hund über lange Zeit gar nicht mehr zu belohnen, geht sowieso nicht, denn er wird ein Verhalten, das weder positiv noch negativ verstärkt wird (ihm also keinerlei Vorteile mehr bringt), früher oder später auch nicht mehr zeigen (es sei denn, es handelt sich um genetisch verankertes, stark selbstbelohnendes Verhalten wie z.B. hetzen, buddeln usw.). Ein teilweises Verringern der Belohnungshäufigkeit (= Verstärkungsrate) ist aber doch empfehlenswert. Und zwar weil ein Verhalten, das zuvor auf so genannter Immerverstärkung war (d.h. es wurde praktisch jedes Mal belohnt), ziemlich schnell »ausstirbt«, wenn man abrupt aufhört, es zu belohnen. Wurde das Verhalten dagegen schon eine Zeit lang nach dem Zufallsprinzip (nach einem zufälligen und daher vom Hund nicht durchschaubaren Muster) belohnt, behält es der Hund viel länger bei, nachdem man aufhört, es zu belohnen. (Er braucht einfach länger, um zu bemerken, dass der »Automat« nicht mehr »funktioniert«.)

Das heißt für die Praxis, dass Sie ein fertig trainiertes Verhalten nach und nach seltener belohnen können. Ihr Hund teilt Ihnen mit, wie schnell Sie dabei vorgehen können. Kleine vorübergehende Einbrüche in der Ausführung des Verhalten sind normal. Das Abbauen von Belohnungen

»zählt« sozusagen als ein Kriterium. Wenn der Hund aber deutliche Zeichen von Stress, Verwirrung oder Überforderung zeigt, müssen Sie es langsamer angehen lassen. Hunde sind da, wie Menschen, sehr verschieden. Der eine ist genügsam, der andere schnell frustriert und verunsichert, sobald es schwieriger wird (d.h. etwas Gelerntes aus seiner Sicht nicht mehr so gut zu funktionieren scheint wie zuvor). Lassen Sie ggf. anfangs nur ab und zu (etwa bei jeder 5. oder 6. Wiederholung) eine Belohnung aus. Sie helfen Ihrem Hund sehr, wenn Sie ihm dabei – z.B. mit »Brav« (siehe Seite 24) – eine kurze Bestätigung geben, dass er es trotzdem richtig gemacht hat. Erst wenn Ihr Hund bei der vorigen Verstärkungsrate keine Beeinträchtigung mehr zeigt, können Sie weiter verringern (z.B. etwa jede 3. oder 4. Wiederholung nicht belohnen). Alle Hunde entwickeln mit der Zeit Ausdauer. Es kann aber bei sehr frustempfindlichen Hunden eine ganze Weile dauern, sie aufzubauen.

Wie oft Sie das Verhalten im weiteren belohnen müssen, damit Ihr Hund es beibehält, hängt von der Persönlichkeit Ihres Hundes, dem Verhalten und Ihren Ansprüchen ab. Legen Sie Wert auf eine sehr exakte, flotte und motivierte Ausführung, müssen Sie eine höhere Verstärkungsrate wählen. Auch künstliche Verhaltensweisen (z.B. ganz gerade Grundstellung im Hundesport) oder solche, die Ihr Hund nicht gern mag oder die ihm schwer fallen, da sie z.B. seiner Natur widersprechen (z.B. abrufen von Beute), müssen Sie öfter und höherwertig belohnen als jene, die ihm von Natur aus liegen und die er deshalb sowieso gern tut.

Wichtig ist noch, beim Abbauen der Belohnungen so schnell wie möglich zum Zufallsprinzip überzugehen. Das gilt vor allem für Verhaltensweisen, die der Hund länger beibehalten soll, wie z.B. »Platz-Bleib« oder Bei-Fuß-Gehen. Der Hund führt nämlich ein solches länger andauerndes (oder auch: sich mehrfach hintereinander wiederholendes) Verhalten umso ausdauernder und gleichmäßiger aus, je unregelmäßiger er dafür belohnt wird. Sobald Ihr Hund also z.B. etwa 10–15 Schritte Bei-Fuß-Gehen oder 10–15 Sekunden lang Platz machen kann, beginnen Sie am besten, unregelmäßig zu belohnen: z.B. mal nach 3, mal nach 7, mal nach 12, mal nach 8 Schritten bzw. Sekunden. Allmählich vergrößern Sie dann die Abstände zwischen den Belohnungen.

Tätigkeiten, die dem Hund sowieso Spaß machen, brauchen natürlich nicht so häufig belohnt zu werden.

Grundregeln im Alltag

93 ▸ Konditionieren statt befehlen
96 ▸ Gutes Verhalten belohnen
98 ▸ Erfolgreiches Management
97 ▸▸ Übung 22: Folgen

Train – don't complain!
Nicht jammern, sondern trainieren!
Job Michael Evans

Im Alltag mit dem Hund trifft die im Labor erforschte Lerntheorie auf die Wirklichkeit. Manchmal ist der Aufprall ziemlich hart. Operante Konditionierung stößt an ihre Grenzen, wo starke Emotionen und genetisch fest verankerte Verhaltensprogramme im Vordergrund stehen, also z.B. bei Angst, Aggression, Stress, Jagdverhalten usw. Ein Hund, der an der Leine ausrastet, wenn ein Artgenosse vorbeikommt, ist dabei z.B. so erregt und in seiner Aufmerksamkeit so auf den »Gegner« fixiert, dass er kaum noch auf eigentlich gut gelernte Signale reagiert. Oft hat man kein erwünschtes Verhalten mehr, das man verstärken könnte, und Strafe kommt gewöhnlich auch nicht in Frage (siehe Seite 72). Erfolgversprechender ist in solchen Grenzfällen, sich dem Problem zunächst über Management und klassische Konditionierung zu nähern. Das heißt z.B.: der aggressive Hund wird eine Zeit lang möglichst weiträumig um andere Hunde herumgeführt (damit das Verhalten nicht so oft ausgelöst wird) und bekommt dabei tolle Leckerchen (nicht weil er brav ist, sondern weil er einen anderen Hund sieht). Er lernt per klassischer Konditionierung: fremder Hund = Leckerchen. Erst wenn er dadurch nach einiger Zeit in der betreffenden Situation gelassener geworden ist, setzt wieder das nun wieder mögliche »normale« Gehorsamstraining (bevorzugt über positive Verstärkung **V+**) ein. Dieses Vorgehen braucht zwar etwas Geduld, da Umkonditionieren länger dauert als neu Konditionieren, funktioniert aber in den genannten Verhaltensbereichen weitaus besser als andere Ansätze.

Klassische Konditionierung kann noch in weiteren Situationen nützlich sein. Gelegentlich wird Ihr Hund vor etwas erschrecken oder ein unangenehmes Erlebnis haben, das ihm

Ronja kann – außer sich vor Wut über einen anderen Hund – jetzt nicht auf die üblichen Kommandos reagieren.

Positive Verknüpfungen mit Menschen, Hunden, lauten Geräuschen usw. im Welpenalter sind ein Sicherheitsnetz gegen die Entstehung von Phobien.

Angst macht. Aus solchen Erlebnissen entstehen leicht sehr unangenehme Probleme. So kann z.B. ein Hund, der gebissen oder häufig von anderen Hunden massiv bedroht wurde, selbst aggressiv gegen Artgenossen werden. Oder ein Hund kann aufgrund eines einmaligen Schreckerlebnisses eine Phobie entwickeln. Solche Probleme können Sie zumindest teilweise verhüten. Steuern Sie sofort dagegen oder – noch besser – beugen Sie vor, indem Sie durch klassische Konditionierung eine positive Verknüpfung herstellen. Beispiele:

- Geben Sie Ihrem Hund Leckerchen oder andere Belohnungen, unmittelbar nachdem er sich vor einem lauten Geräusch o.ä. erschrocken hat.
- Falls Ihr Hund in einer Situation Stress oder Beunruhigung erkennen lässt (z.B. aufgrund der Enge in einem Fahrstuhl; weil er an einem Hund vorbeigeführt wird, der aggressiv bellt; weil Kinder den Hund etwas zu stürmisch streicheln; beim Anblick eines Heißluftballons usw.), bieten Sie ihm ebenfalls unmittelbar Leckerchen an (und bringen ihn natürlich möglichst bald aus der Situation heraus).
- Wurde er von einem Hund angegriffen oder hatte ein schlechtes Erlebnis mit einem Menschen, versuchen Sie gleich am nächsten Tag, positive Erfahrungen mit gerade solchen Hunden/Menschen herbeizuführen. (Wurde er z.B. von einem großen schwarzen Hund gebissen, bieten Sie ihm Leckerchen an, wann immer Ihnen in der nächsten Zeit ein großer schwarzer Hund begegnet, und versuchen Sie, freundliche Kontakte zu netten, großen schwarzen Hunden herzustellen.)

- Wenn Sie bemerken, dass Ihr Hund sich nur sehr ungern anfassen, bürsten oder pflegen lässt, schieben Sie das Üben mit positiver Verstärkung **V+** oder klassischer Konditionierung nicht auf die lange Bank.
- Wenn Sie bemerken, dass Ihr Hund übertrieben futter- oder spielzeugneidisch gegenüber anderen Hunden ist, beobachten Sie ihn in kritischen Situationen genau. Loben und belohnen Sie ihn fürs Dulden der Annäherung anderer Hunde, ehe er aggressiv wird (und führen Sie ihn vorsichtshalber unmittelbar danach aus der Situation, damit sie nicht doch noch eskaliert).

Konditionieren statt befehlen

Auch in vielen gewöhnlichen Alltagssituationen ist es nervenschonender und effektiver, den Hund über klassische Konditionierung und positive Verstärkung **V+** für Verhalten, das er von sich aus zeigt, zu beeinflussen, als ihm dauernd »Befehle« (Signale) zu geben. Um das zu verstehen, muss man sich klar machen, dass es für einen Hund ziemlich anstrengend ist, auf Signale des Menschen zu achten und diese umzusetzen. Bei einer ganzen Flut von Kommandos über einen längeren Zeitraum hinweg ermüdet er irgendwann und reagiert nicht mehr so bereitwillig. Dazu kommt noch, dass unsere Signale den Hund oft bei dem stören, was er selbst gerade tun will. Daraus entsteht leicht ein gewisser Widerwillen und Widerstand, sogar wenn er die Signale über **V+** gelernt hat und sie daher im Prinzip gern hört und ausführt. Es ist so, als ob Sie sich gerade in ein Buch oder eine Fernsehsendung vertieft haben und nun alle zwei Minuten wegen irgendwelcher Kleinigkeiten von Ihrem Partner angesprochen oder um einen Gefallen gebeten werden. Nicht dass Sie nicht gern mit ihm reden oder ihm den kleinen Gefallen tun würden – aber nicht gerade jetzt. Spätestens auf die fünfte Unterbrechung reagieren Sie vermutlich gereizt oder muffelig oder sind in Versuchung, sie einfach zu »überhören«.

Um eine wirklich gute Signalkontrolle aufzubauen, müssen Sie außerdem, zumindest in der Anfangsphase des Trainings, stets sehr gut einschätzen, ob gerade reelle Aussichten bestehen, dass Ihr Hund wie gewünscht auf Ihr Signal reagieren wird. Das ist gerade im Alltag nicht immer ganz leicht. Beurteilen Sie den Ausbildungsstand Ihres Hundes und den Schwierigkeitsgrad der Situation zu oft falsch und geben Ihre Signale, obwohl Ihr Azubi sie gerade nicht ausführen kann (weil er davon noch überfordert ist), verderben Sie sich Ihre Signalkontrolle. Oder Sie greifen auf negative Verstärkung **V-** zurück und erzwingen die Ausführung der Signale, mit allen Nachteilen, die das hat (siehe Seite 68). Kein Wunder, dass viele Hunde zwar auf dem Hundeplatz oder in einer gezielten Trainingseinheit super gehorchen, nicht aber im Alltag, wo es viel wichtiger wäre.

Viele dieser Schwierigkeiten kann man umgehen, indem man – zumindest zu Beginn der Grundausbildung eines jungen oder neu angeschafften

Nicole nimmt Rücksicht auf Sam, indem sie ihm einen Moment Zeit lässt, das merkwürdige Schild zu beschnüffeln.

erwachsenen Hundes – mehr klassische Konditionierung benutzt und gar nicht erst so viele Signale gibt. Teils ist das auch einfach eine Frage der »Höflichkeit« gegenüber dem Hund. Statt dauernd etwas von ihm zu verlangen, was ihm momentan schwer fällt oder ihm sehr gegen den Strich geht, unterstützen Sie ihn in dem, was er vielleicht selbst an »bravem« Verhalten anbietet, und versuchen gegenüber seinen hundlichen Bedürfnissen ein bisschen sensibler zu sein. Es sind dabei oft nur Kleinigkeiten und Nebensächlichkeiten, auf die man verzichtet, die aber aus der Sicht des Hundes eine enorme Entlastung bedeuten. Und keine Angst – Ihre Autorität wird dadurch keineswegs geschmälert, im Gegenteil. Sie werden feststellen, dass ein so durch den Alltag geführter Hund sich oft von selbst angepasst verhält und wesentlich bereitwilliger auf Ihre Wünsche reagiert als einer, der die ganze Zeit gegängelt und mit Anweisungen, Einschränkungen und Kommandos überhäuft wird. Ein guter Boss ist nämlich einer, der seine Untergebenen so führt, dass sie möglichst stressfrei und erfolgreich durchs Leben kommen. Ein schlechter Boss dagegen verbreitet eher Stress und reibt sich auf, indem er jedes noch so unwichtige Detail im Leben seiner »Untergebenen« zu kontrollieren versucht. Seien Sie Ihrem Hund also ein guter Boss. Hier ein paar Beispiele:

- Sofort nach der Ankunft in einem fremden Zimmer »Platz« zu machen, fällt vielen Hunden schwer. Ebenso wie wir haben sie das dringende Bedürfnis, sich kurz zu orientieren. Halten Sie Ihren Hund einfach eine Minute an der Leine bei sich und lassen ihn gucken. Er wird sich danach ohne Widerstand ins »Platz« legen lassen oder sich sogar ohne Ihre Aufforderung niederlassen.

- Überlassen Sie es Ihrem Hund, ob er sitzen, stehen oder liegen will, wenn er bei einem Schwätzchen mit dem Nachbarn bei Ihnen warten muss. Belohnen Sie ihn nur ab und zu für ruhiges, unauffälliges Verhalten.
- Wenn etwas die Neugier Ihres Welpen oder Junghundes erregt und er stehen bleibt und guckt, zerren Sie ihn nicht mit der Leine hinter sich her. Warten Sie stattdessen einen kleinen Moment, bis er sich Ihnen von selbst wieder zuwendet, und loben oder belohnen Sie ihn dafür.
- Falls Sie auf Ihren Spazierwegen vielen Autos, Joggern, Fahrradfahrern usw. begegnen, können Sie es sich zur Gewohnheit machen, an den Wegrand zu gehen und dort ein Leckerchen ca. 1 m abseits der Straße ins Gras zu werfen. Ihr Hund wird sich schnell angewöhnen, von selbst zu Ihnen zu kommen, wenn er ein solches »Objekt« sieht, und auf den Seitenstreifen zu gehen, wo er sicher ist und niemanden stört.
- Leben Sie Ihrem Hund vor, wie man an der Leine »höflich« anderen Hunden begegnet, indem Sie Calming signals nutzen und Ihren Hund darin unterstützen, wenn er selbst welche zeigt. Statt zackiges »Fuß« zu verlangen, gehen Sie langsam und in einem Bogen auf den anderen Hund zu oder um ihn herum. Lenken Sie Ihren Hund mit Leckerchen ab, damit er den Artgenossen nicht ununterbrochen anstarrt. Loben Sie ihn, wenn er

Im Leben Ihres pelzigen Freundes sollte es genug Zeit und Raum für seine arttypischen Bedürfnisse geben.

Nur wenige Hunde entwickeln sich ohne Zutun des Besitzers zu angenehmen, gut angepassten Begleitern.

zwischendurch wegschaut, am Boden schnuppert oder selbst einen Bogen macht.

▸ Statt Ihren Hund immer ausgerechnet dann zu rufen, wenn er gerade intensiv beschäftigt ist, warten Sie – jedenfalls wenn es gerade nicht so darauf ankommt – ein paar Momente auf einen günstigeren Zeitpunkt. So ist das Abrufen nicht immer ein Verzicht, sondern eher eine willkommene kleine Abwechslung. Belohnen Sie ihn gelegentlich, wenn er Sie im Freilauf von selbst anschaut oder zu Ihnen kommt, dann bleibt er freiwillig näher bei Ihnen.

Gutes Verhalten belohnen

Versuchen Sie, Ihren Hund dabei zu »erwischen«, dass er brav ist! Nehmen Sie gut angepasstes und angenehmes Verhalten nicht für selbstverständlich – loben und belohnen Sie Ihren Hund vorbeugend dafür, ehe er entdeckt, dass ungezogen sein evtl. mehr Spaß macht! Besonders bei Welpen hat man sehr gute Chancen, weil sie noch kaum Gelegenheit hatten, sich Unerwünschtes anzugewöhnen. Hier einige Dinge, die Welpenbesitzer meist zu selbstverständlich nehmen und daher nicht belohnen:

▸ Kommen auf Ruf. Welpen kommen anfangs, wann immer man sie anspricht, weil sie noch unselbstständig sind. Mit spätestens 6 Monaten verliert sich das rapide, wenn es nicht systematisch geübt und häufig verstärkt wurde!

▸ Nicht hetzen. Junge Welpen gucken bewegten Objekten zunächst nur nach. Markieren Sie das mit Ihrem konditionierten positiven Verstärker **kV+** und lassen Sie Spiel, Leckerchen und Bewegung in die andere Richtung folgen. Es ist eine einmalige Chance! Schon einige Wochen später erwacht der Jagdtrieb und es bleibt nicht mehr beim Hinterhergucken – es sei denn, Ihr Hund hat bis dahin schon eine andere Reaktion gelernt.

▸ Sich anleinen lassen, wieder ins Haus kommen, evtl. ins Auto einsteigen. Da dies alles eine Einschränkung der Freiheit und oft das Ende eines Spaziergangs oder Spiels bedeutet, entwickeln viele junge Hunde irgendwann eine Abneigung dagegen, auch wenn sie nicht direkt Angst davor haben. Sie trödeln dann endlos oder lassen sich nicht mehr greifen. Es sei denn, sie sind schon oft in solchen Situationen belohnt worden, ehe es Probleme gab.

Übung 22: Folgen

Das Folgen ist ein Mittelding zwischen »Kehrt«, »Fuß« und »Komm«. Der Hund soll sich auf Ihr Signal hin zu Ihnen umdrehen und näher kommen. Das Folgen ist leicht beizubringen und eine Art Universalsignal, mit dem man den Hund unauffällig und effektiv durch zahlreiche Alltagssituationen lotsen kann. Als Signal nehmen Sie besser ein Schnalzen, ans Bein klopfen o.ä., da in kritischen Situationen über ein Wort zu viel Anspannung übertragen wird.
Und so geht's: Ihr Hund ist 1–2 m von Ihnen entfernt und nicht zu abgelenkt. Sie haben unbemerkt ein Leckerchen in die Hand genommen. Schnalzen Sie. Schaut Ihr Hund sich um, loben Sie sofort überschwänglich und reichen ihm umgehend das Leckerchen. (Reagiert er nicht, versuchen Sie es in einem günstigeren Moment noch mal.)
Dreht er sich nach einigen Wiederholungen zuverlässig auf Ihr Signal hin um, kommt ab und zu noch ein Richtungswechsel dazu: Sie schnalzen, Ihr Hund guckt, Sie loben überschwänglich und zeigen ihm das Leckerchen, gehen/laufen aber gleichzeitig ein paar Schritte von ihm weg. Hat er Sie eingeholt, bekommt er das Leckerchen. Das Weggehen motiviert ihn zusätzlich, entzieht ihm ggf. Ihre Rückendeckung und erhöht sehr die Wahrscheinlichkeit, dass er auch in kritischen Situationen reagiert.

Erfolgreiches Management

Zumindest wenn Ihr Hund noch »Azubi« ist und in puncto Alltagsgehorsam noch vieles lernen muss, sollten Sie unbedingt sinnvollen Gebrauch von Managementmaßnahmen machen. Management bedeutet, z.B. lange Leinen, Hundehalfter, Hundeboxen, Zäune usw., aber auch Kauknochen, »Knobelspiele« für Hunde u.ä. zu benutzen, um die Erziehung zu erleichtern oder überflüssig zu machen. Leider werden solche Hilfsmittel – vor allem die lange Leine – viel zu selten genutzt, wobei vermutlich Bequemlichkeit eine Hauptrolle spielt. Aber ebenso wichtig, wie es vor allem in der Anfangsphase des Trainings ist, erwünschtes Verhalten zu belohnen, ist es, zu verhindern, dass der Hund mit unerwünschtem Verhalten Erfolg hat. Bis das erwünschte Verhalten zur guten Gewohnheit und zu einem wirksamen »Sicherheitsnetz« gegen das Entstehen von Problemverhalten geworden ist, müssen Sie die Lernerfahrungen Ihres Hundes kontrollieren. Je konsequenter das geschieht, umso besser. Da, wie schon gesagt, das dauernde Befolgen von Signalen und »sich zusammennehmen« auch für den Hund anstrengend ist, kann es auch für ihn entlastend sein, vorübergehend eher »gemanagt« statt herumkommandiert und erzogen zu werden.

Konkret folgt daraus: Ihr noch nicht vollständig erzogener Hund gehört beim Spaziergang an die (lange) Leine, wo und wann immer die Gefahr besteht, dass er frei laufend noch nicht kontrollierbar genug ist und sich daher »Blödsinn« angewöhnen könnte. Enorm praktisch ist ein Brustgeschirr mit einer (je nach Hundegröße und -verhalten) etwa 3–5 Meter langen Leine daran, die er hinter sich herzieht. Nehmen Sie eine leichte, aber etwas dickere und möglichst gurtförmige Leine. Sie schneidet nicht zu sehr ein, falls Ihr Hund sie sich mal ums Bein wickelt, und lässt sich auch gut in die Hand nehmen. Hunde kommen sehr gut mit solchen Leinen zurecht und verwickeln sich auch längst nicht so schnell darin, wie man meinen könnte. Natürlich ist der Gebrauch etwas lästig: Sie müssen aufpassen, dass Sie nicht auf die Leine treten, und werden bei feuchtem Wetter evtl. schmutzige Hände bekommen. Aber die Mühe lohnt sich. Wenn eine Situation auftaucht, in der Sie sich Ihres Hundes noch nicht ganz sicher sind, ergreifen Sie die Leine und haben ihn unter Kontrolle.

Wenn Sie Ihren Welpen die ersten 2–3 Monate auf Ihren ersten Ausflügen in die Umwelt und kleinen Spaziergängen so kontrollieren und ihm in dieser Zeit aktiv beibringen, wie er sich z.B. gegenüber Passanten und beim Auftauchen von anderen Hunden verhalten soll, ist das Wichtigste an Erziehung in seinem Leben effektiv und fast stressfrei erledigt und die Wahrscheinlichkeit groß, dass er lebenslang viel Freilauf genießen kann. Hat der Hund sich erst einmal angewöhnt, unkontrollierbar zu jedem Hund hinzustürzen, Passanten anzuspringen und Jogger oder Wild zu hetzen, ist die Sache natürlich viel schwieriger und langwieriger. Das Prinzip ist aber dasselbe.

Für alltägliche Begegnungen mit Passanten und ähnlichen »Objekten« ist es relativ einfach und sehr praktisch, das Training so anzulegen, dass die Situation selbst zum Signal für den Hund wird. Geben Sie dazu Ihrem Hund immer dasselbe schon gut gelernte Signal, kurz nachdem er das »Objekt« bemerkt hat, und belohnen Sie ihn für die Ausführung. Wenn Sie Ihren Hund z.B. immer zu sich heranrufen, nachdem er (nicht Sie!) einen Passanten gesehen hat, wird er mit der Zeit von selbst kommen oder sich Ihnen, in der Erwartung, gerufen zu werden, zumindest zuwenden. Er hat gelernt: Passant = »Komm«. Sind Sie dann später mal in Gedanken, merken Sie vielleicht erst am Verhalten Ihres Hundes, dass Ihnen jemand entgegenkommt. Sie brauchen wahrscheinlich eine Leine, bis Ihr Hund gelernt hat, trotz der Ablenkung auf Ihr Signal zu

Eine vorbildliche Begegnung: die Menschen bleiben entspannt und achten darauf, dass die Hunde sich nicht anstarren und genug Abstand zueinander halten.

reagieren. Trotzdem sollten Sie das Signal in der Regel nicht geben, bevor Ihr Hund das »Objekt« gesehen hat. Es kann sonst eine unerwünschte Verknüpfung entstehen: Ihr Signal wird für den Hund zur Ankündigung, dass gleich etwas Interessantes auftauchen wird. Wenn Sie rufen, guckt er sich dann erst recht nach dem »Objekt« um oder läuft sogar fast automatisch weg (»Komm« = Passant, Hase, Hund ...).

Es gibt übrigens noch eine sehr elegante Methode, unerwünschtes Verhalten zu unterbrechen. Und zwar können Sie in manchen Situationen den Ansatz zum unerwünschten Verhalten verstärken und damit das Verhalten selbst hemmen. Dazu müssen Sie Ihren Hund allerdings sehr genau beobachten. Wenn er z.B. Besucher anspringt, können Sie ihn mit Ihrem konditionierten positiven Verstärker **kV+** und einer nachfolgenden Belohnung »abfangen«, kurz bevor er springt: **kV+** sobald er der Person gegenübersteht und spätestens, wenn er die Muskeln anspannt, um zu springen. Auch beim Auftauchen einer bewegten Ablenkung (Wild, Hund, Jogger ...) stutzen die meisten Hunde kurz, ehe Sie lossprinten. Wenn Sie das Stutzen mit Ihrem **kV+** markieren und sofort eine Belohnung folgen lassen, können Sie die Jagdsequenz oft noch abbrechen (allerdings wohl nur, wenn das Hetzobjekt noch ein Stück entfernt ist). Mit der Zeit »stutzt« der Hund immer länger und lässt das Hinterherrennen immer mehr sein. Verwenden Sie für solche Aktionen den Clicker (da er stärker ist als ein »Fein!«), eine hochwertige Belohnung am besten mit Bewegung vom Objekt weg und anfangs eine Leine, um zu verhindern, dass Ihr Hund schließlich doch noch durchstartet.

Überall, wo Situationen entstehen könnten, in denen Ihr Hund (noch) nicht kontrollierbar ist, gehört er an die (lange) Leine.

Erziehungsmethoden hinterfragen

Erziehungsmethoden hinterfragen

102 ▸ Argument »Es ist artgerecht«

104 ▸ Argument »Bei Wölfen ist es so«

104 ▸ Argument »Das Alphatier macht es«

107 ▸ Argument »Man braucht keine Hilfsmittel«

108 ▸ Ist negative Verstärkung effektiver?

106 ▸▸ Übung 23: Rangordnung hinterfragen

Believe nothing, no matter where you read it, or who said it – even if I have said it – unless it agrees with your own reason and your own common sense.

Glaube nichts, egal wo du es gelesen hast oder wer es gesagt hat – nicht einmal wenn ich es gesagt habe –, es sei denn, es stimmt mit deiner eigenen Vernunft und deinem gesunden Menschenverstand überein.

Buddha

Im Bereich des Hundetrainings gibt es – wie in der Kindererziehung – unendlich viele Methoden und Ansichten,die sich oft diametral widersprechen. Wie soll man sie beurteilen, wie sich in dem Dickicht zurechtfinden? Lassen Sie sich vor allem nicht von beeindruckend wirkenden Begriffen und Hintergrundphilosophien blenden. Vieles klingt zwar in sich bestechend logisch, ist aber trotzdem Humbug, weil es auf Annahmen beruht, die nach dem heutigen Stand des Wissens als völlig unbewiesen oder sogar widerlegt gelten. Folgende Erklärungen werden besonders gern genutzt und von vielen Hundehaltern auch blind akzeptiert:

Argument »Es ist artgerecht«

Der Begriff »artgerecht« ist nicht klar definiert. Ist damit gemeint: »die Bedürfnisse des Hundes berücksichtigen« (im Gegensatz zu: »sie missachten«), sagt er eigentlich nur, dass man sich nicht gerade bewusst und offen tierquälerischer Methoden bedient. Das aber sollte selbstverständlich sein. Ist damit so viel wie »natürlich, der wahren Natur des Hundes entsprechend« gemeint, stellt sich die Frage: was ist »natürlich«? Das ist angesichts der Vielzahl von Rassen, Typen und Lebensbedingungen kaum zu beantworten. Außerdem garantiert »Natürlichkeit« keinesfalls automatisch Wohlbefinden und Tierschutzgerechtigkeit. Man vermutet z.B., dass die »Urhunde« am Rande menschlicher Siedlungen von Abfällen lebten und bei den damaligen Menschen ungefähr so beliebt waren wie Ratten. Das heißt, sie wurden verjagt oder totgeschlagen, bestenfalls widerwillig geduldet, aber keineswegs gefüttert oder gehätschelt. Die überwiegende Mehrzahl der Hunde lebt heute noch so. Es ist also die artgerechte Lebensweise des Hundes. Oder?

Richtig oder falsch?

Welche der folgenden Aussagen über Wölfe und die Rangordnung in einem Wolfs- oder Hunderudel sind richtig, welche falsch? Die Lösung finden Sie im Anhang auf Seite 118.

Richtig	Falsch	
☐	☐	a) Nur die Alphatiere bekommen Junge.
☐	☐	b) Im Rudel herrscht ein dauernder und erbitterter Wettbewerb um die Alphapositionen.
☐	☐	c) Das Alphapaar übt in jeder Situation aktiv Dominanz über die anderen aus.
☐	☐	d) Die rangniederen Tiere unterwerfen sich den Ranghöheren bedingungslos.
☐	☐	e) Die rangniederen Tiere gehorchen jedem Befehl des Alpha ohne Widerspruch.
☐	☐	f) Der Alphawolf läuft immer vorn, die anderen folgen ihm.
☐	☐	g) Keiner darf sich unerlaubt vom Rudel entfernen.
☐	☐	h) Die Jagd ist eine von den Alphatieren organisierte und kontrollierte Aktion.
☐	☐	i) Am frisch erlegten Beutetier fressen die Alphatiere zuerst, erst danach dürfen die anderen fressen.
☐	☐	j) Bei Gefahr kämpfen die Alphatiere in vorderster Front.
☐	☐	k) Die Alphatiere haben einen persönlichen Freiraum um sich, in den die anderen nur mit ausdrücklicher Erlaubnis eintreten dürfen.
☐	☐	l) Die Alphatiere können jedem anderen jederzeit Futter wegnehmen.
☐	☐	m) Die Liegeplätze der Alphatiere sind für die anderen tabu.
☐	☐	n) Im Rudel strebt jeder nach einer höheren Rangposition und lauert auf seine Chance zum Aufstieg.
☐	☐	o) Wölfe leben meist in großen Rudeln mit mehreren erwachsenen Tieren.

Die Verhältnisse in einem Wolfsrudel kann man nicht 1:1 auf die Beziehung Mensch-Hund übertragen.

Argument »Bei Wölfen ist es so«

Dieses Argument macht immer großen Eindruck und scheint weitere Erklärungen überflüssig zu machen. Dabei ist für unseren Umgang mit dem Hund ziemlich egal, wie »es« bei Wölfen ist. Hunde unterscheiden sich viel stärker von Wölfen als früher angenommen. Es ist fraglich, ob sie noch alle »wölfisch« sprechen. Ebenso fraglich ist, ob wir Menschen »wölfisch« überhaupt so nachahmen könnten, dass ein Hund es versteht. Wölfe sind außerdem in ihrem Verhalten und in ihrer Sozialstruktur wesentlich variabler, als man glaubte. Welche Unterart bzw. welches der beobachteten Wildrudel soll man also als Vorbild für die Hundeerziehung nehmen? Neuere Forschungen haben auch gezeigt, dass viele der aufgrund von Gefangenschaftsbeobachtungen als typisch geltenden Wolfsverhaltensweisen im Freiland niemals oder nur ausnahmsweise vorkommen. Fazit: Hundetrainer, die ihre Methoden mit Wolfsverhalten begründen, haben ihr Wissen über Wölfe häufig aus veralteten Quellen, oder es beruht auf selbst gestrickten Vorstellungen über Wölfe, die von der Wahrheit ebenso weit entfernt sind wie das Märchen von Rotkäppchen.

Argument »Das Alphatier macht es«

Diese außerordentlich populäre Dominanztheorie lautet im Kern etwa so: Bei Hunden (Wölfen) ist immer ein Tier über alle anderen dominant. Dieses Alphatier genießt viele Privilegien und bestimmt alles im Leben seines Rudels. Die anderen gehorchen ihm bedingungslos. Daher strebt jeder Hund mehr oder weniger danach, selbst Alpha zu werden. Als Hundehalter müssen Sie sich zum Rudelführer aufschwingen, indem Sie das Verhalten eines solchen Alpha so gut wie möglich nachahmen. Dann verschwindet Problemverhalten jeder Art oder kommt gar nicht erst auf und Ihr Hund wird Ihnen immer gehorchen.

Diese Theorie war und ist diversen Modeströmungen unterworfen. Während man früher mit ihr ein hartes Vorgehen und körperliche Strafen rechtfertigte, kamen vor etwa 20 Jahren »psychologische« Varianten auf. Demnach soll man seinen Alphastatus nicht mehr durch direkte Konfrontation wie hartes Durchgreifen bei Ungehorsam oder Wegnehmen von Futter usw. demonstrieren, sondern auf symbolische Art, indem man dem Hund gewisse Privilegien (wie z.B. einen erhöhten Schlafplatz) entzieht und sie sich selbst aneignet. In jüngster Zeit macht die Theorie erneut eine Wandlung durch. Man glaubt nun weniger daran, dass der Hund aktiv in der Rangordnung nach oben strebt, sondern betont, dass er durch das »unterwürfige« Verhalten seiner Menschen unfreiwillig in der Alpharolle landet und Problemverhalten entwickelt, weil er mit der Verantwortung überfordert ist. Daher kann der Hund sich angeblich erst wohl und sicher fühlen, wenn sein Mensch sich als unfehlbares Alphatier erwiesen und die Last der Rudelführung von seinen Schultern genommen hat.

Klingt gut. Die Sache hat nur einige Haken. Das ganze Denkmodell der strikten Dominanz steht mittlerweile auf tönernen Füßen. Es enthält zahlreiche Widersprüche und unbewiesene oder widerlegte Annahmen. Die Verhaltensforschung hat sich schon längst vom Konzept einer absoluten und starren Rangordnung bei höheren Säugetieren verabschiedet. Man geht eher von einer individuell geregelten Aufgaben- und Ressourcenverteilung aus. Dazu passt vielleicht der Umstand, dass praktisch jedes Verhalten, das ein Hund überhaupt zeigen kann, von diesem oder jenem Autor als Ausdruck von Dominanz angesehen wird und jeder daraus sein eigenes Regelsystem entwickelt und als das allein selig machende verkauft. Nur – wenn es keine allgemein gültigen Regeln gibt, können Sie eigentlich zusammen mit Ihrem Hund ebenso gut individuelle Regeln erfinden.

Dazu kommt noch, dass es höchst fraglich ist, ob der Hund das »regelgerechte« Verhalten seines Menschen auch als das erkennt, was es sein soll: eine Rangdemonstration. Schließlich »wissen« Hunde mit ziemlicher Sicherheit, dass wir keine Hunde sind, denn sonst würden sie sich uns gegenüber ganz anders benehmen. Es kann

Natürlich sind Eltern »dominant« über ihre Jungen. Doch nur bei Hunden wird diese Selbstverständlichkeit derart überbetont.

Übung 23: Rangordnung hinterfragen

Im Folgenden einige der »beliebtesten« Maßnahmen zur Einordnung oder Zurückstufung des Hundes in der Rangordnung. Bringen sie tatsächlich etwas, wenn man Probleme mit dem Hund hat? Eventuell ja! Das wird meist als Beweis dafür angesehen, dass die Dominanztheorie zutrifft. Aber so einfach ist es nicht. Fühlt sich der Hund wirklich im Rang heruntergestuft? Oder hat er einfach völlig wertfrei aufgrund operanter Konditionierung ein anderes Verhalten gelernt? Gehen Sie die Maßnahmen durch und überlegen Sie, was sie rein auf der Ebene des Lernverhaltens oder als Managementmaßnahme bewirken. Die Lösung finden Sie im Anhang auf Seite 119.

a) Der Hund darf keine erhöhten oder »strategisch« günstigen Liegeplätze besetzen.
b) Man soll den Hund aufscheuchen, wenn er im Weg liegt.
c) Der Hund darf nicht zuerst durch die Tür gehen.
d) Der Hund darf Besucher nicht als Erster begrüßen.
e) Der Hund soll beim Spaziergang normalerweise hinter dem Menschen gehen.
f) Der Hund bekommt sein Futter erst, nachdem der Mensch gegessen hat.
g) Der Hund bekommt Leckerchen oder Zuwendung ausschließlich, wenn er ein Kommando befolgt hat.
h) Der Hund bekommt sein Spielzeug nur zum gemeinsamen Spiel mit dem Menschen.
i) Es werden keine Rauf- und Zerrspiele gespielt.
j) Der Hund wird stets oder oft ignoriert, wenn er Kontakt zum Menschen aufnehmen will.

sein, dass sie mit uns gar keine echten Rangbeziehungen haben. Auch Ursache und Wirkung sind keineswegs klar: wird man Alpha, indem man sich seine vermeintlichen Attribute (wie zuerst fressen oder zuerst durch die Tür gehen) aneignet? Oder kommt es nicht in Wirklichkeit auf ganz andere Dinge an? »Weiß« ein Hund überhaupt, was eine Rangordnung ist und wie die Rollenbeschreibung eines dominanten Tieres aussieht? Wohl kaum ...

Argument »Man braucht keine Hilfsmittel«

Dass eine Methode verspricht, fast oder ganz ohne Hilfsmittel auszukommen, macht auf viele Hundehalter Eindruck und gilt ihnen fast automatisch als Qualitätsmerkmal. Vermutlich entsteht der Eindruck von Einfachheit, Effektivität und Natürlichkeit. Und hat nicht derjenige »mehr drauf«, der auch ohne »Krücken« sein Ziel erreicht? Vor allem Leckerchen und oft auch Belohnungen insgesamt sowie der Clicker gelten vielen Hundehaltern als überflüssiger Schnickschnack. Der Hund soll bitteschön auch ohne »funktionieren«.

Ich verstehe nun zwar, dass man sich nicht gern vor jedem Spaziergang mit einem ganzen Arsenal an Ausrüstung behängen will. Aber manche Hilfsmittel erleichtern und beschleunigen das Training so sehr, dass der bewusste Verzicht darauf etwa so sinnvoll erscheint, als wenn jemand darauf besteht, zum Tomatenschneiden ein stumpfes Messer zu nehmen, obwohl ein scharfes bereitliegt. Außerdem braucht man die meisten Hilfsmittel ja nur vorübergehend beim Aufbau der Übungen und kann sie später, wenn das Zielverhalten erreicht ist, ganz oder überwiegend abbauen. Da die Ablehnung sachlich eigentlich nicht zu begründen ist, vermute ich daher vor allem hinter der Weigerung, den Hund (mit Leckerchen oder überhaupt) oft und großzügig genug zu belohnen, eine sehr tief sitzende Vermenschlichung. Gekränkte Eitelkeit – es soll nicht nötig sein, ihn zu »bestechen« – spielt dabei wohl ebenso eine Rolle wie das Gefühl, der Hund sei es einem auch ohne extra »Bezahlung« schuldig, zu gehorchen und keine Probleme zu machen, weil er es doch so gut bei einem hat. Da Hunde aber nun mal nicht so denken und es ganz ohne »Antrieb« nicht geht, arbeiten Hundehalter, die nur selten oder gar nicht belohnen (= mit positiver Verstärkung **V+** arbeiten) wollen, definitiv überwiegend mit negativer Verstärkung **V-**. Was daran besser oder schöner sein soll, bleibt rätselhaft.

Es ist ganz bestimmt kein Makel, einen Hund mit Leckerchen zu belohnen.

Ist negative Verstärkung effektiver?

Zu guter Letzt stellt sich noch die unter Hundlern immer wieder kontrovers diskutierte Frage: ist eine Ausbildung und Erziehung über negative Verstärkung **V-** und positive Bestrafung **S+** nicht evtl. doch effektiver als eine über positive Verstärkung **V+** und negative Bestrafung **S-**? Ich persönlich bin Pragmatiker und probiere vieles aus, wenn es mir einigermaßen sinnvoll erscheint, um mir selbst ein Bild zu machen. Für mich sind bei der Entscheidung für oder gegen eine Trainingstechnik vor allem zwei Dinge wichtig:

1. Sie muss funktionieren.
2. Sie soll für den Hund akzeptabel sein, ihn also möglichst wenig stressen und ihm möglichst wenig unangenehm sein. Dabei wäre ich bereit, an Punkt 1 kleine Abstriche zu machen, wenn Punkt 2 es erfordert. Nur aus Prinzip ausschließlich »weiche« Methoden zu verwenden, obwohl sie sich als deutlich ineffektiver als »harte« erweisen würden, käme mir aber nicht in den Sinn. Daher habe ich auch mindestens einmal jährlich eine Phase, in der ich darüber nachgrübele und mit Kollegen und Freunden darüber diskutiere, ob »hart« nicht evtl. doch zumindest im Einzelfall besser wäre als »weich«.

Der Clou an der Sache ist der: ich habe tatsächlich noch niemals Kompromisse zwischen »effektiv« und »weich« (bzw. sanft, gewaltfrei, positiv oder wie immer Sie es nennen wollen) machen müssen. Die »weichen« Methoden haben sich bisher in jedem einzelnen Fall zumindest mittelfristig als besser erwiesen, sei es bei meinen eigenen Hunden oder den Hunden meiner Kunden in der Hundeschule – auch und gerade in schwierigen Fällen. Ja mehr noch: zumindest in der Ausbildung ist die ausschließliche Verwendung von **V+** (und ganz wenig **S-**) einer Mischung aus **V+** und **V-** regelmäßig deutlich überlegen, sogar dann, wenn die negative Verstärkung nur ganz sanft (z.B. durch leichtes Hinunterdrücken des Hinterteils zum »Sitz« o.ä.) erfolgt. Das hat mich dazu gebracht, sehr genau hinzuschauen, wenn jemand ein Beispiel für einen Hund bringt, dessen Verhalten sich angeblich nur über **V-** oder Strafe ändern ließ, nachdem »alles andere nicht geklappt hat«. Und tatsächlich habe ich noch kein Beispiel gefunden, wo die Möglichkeiten der positiven Verstärkung wirklich voll ausgeschöpft worden waren, ehe man »notgedrungen« zu **V-** oder Strafe griff.

Da ich außerdem die absolut zugewandte, ja begeisterte und lebensfrohe Haltung meiner (meist mit Clicker) praktisch ausschließlich positiv verstärkten Hunde auf keinen Fall mehr missen möchte, werde ich zunächst einmal dabei bleiben und versuchen, die »Untiefen« der positiven Verstärkung weiter auszuloten. Ich bin gespannt, was dabei noch alles zu finden sein wird. Machen Sie doch einfach mit!

Service

Service

110 Hundehaltertest

114 Erklärung der Fallbeispiele

117 Auflösung der Übungen

120 Fachausdrücke und Abkürzungen

121 Zum Weiterlesen

121 Nützliche Adressen

121 Register

124 Impressum

Hundehalter-Test

Unbedingt beachten

1. Da der Test eigentlich für Eltern und ihre Kinder entworfen wurde, sollten Sie dem Ergebnis keine übertriebene Bedeutung beimessen, sondern die Sache mit Humor nehmen.
2. Um den Original-Test auf Hunde und ihre Halter zu übertragen, musste ich nur bei wenigen Fragen – und natürlich beim einleitenden Text und der Interpretation – ein paar Änderungen vornehmen. Die allermeisten Fragen konnten fast wörtlich so bleiben, wie sie ursprünglich waren, und machen trotzdem in der Hundeerziehung ebenso viel Sinn wie in der Kindererziehung.
3. Ich gehe daher davon aus, dass man bei der Auswertung und Interpretation des Ergebnisses auch die auf Eltern und ihre Kinder bezogenen Aussagen in etwa auf Hundehalter und ihre Hunde übertragen kann.
4. Ich würde mich freuen, wenn Sie mir Ihr Ergebnis (die vier ermittelten Durchschnittswerte) durchgeben und dazu kurz mitteilen würden, ob Sie mit Ihrem Hund ein größeres Erziehungs- oder Verhaltensproblem haben oder er im Wesentlichen unproblematisch und gut erzogen ist. So könnten mit der Zeit evtl. Durchschnittswerte auch für Hunde und ihre Halter entstehen. (SABI.WINKLER@t-online.de)

Dieser Test erfasst, wie Hundehalter mit schwierigem oder unerwünschtem Verhalten ihres Hundes umgehen, zum Beispiel, wenn er Besucher anspringt oder aggressiv verbellt, Sachen vom Tisch klaut, an der Leine zieht, am Futternapf knurrt oder dauernd Aufmerksamkeit verlangt. Kreuzen Sie an, wie Sie in den vergangenen beiden Monaten meistens auf schwieriges Verhalten Ihres Hundes reagiert haben.

Gekürzt und modifiziert nach dem Test »Sind sie stärker als Ihr KInd?« im Geo Magazin Nr. 4/2002. Orginalversion im Internet unter: http://www.geo.de/geo/medizin_psychologie/psychologie/2002_04_GEO_kunst_des_helfens_elterntest/?linkref=geode_teaser_archive_text&SDSID=

1. Wenn ich aufgeregt oder unter Stress bin ...

bin ich bei dem, was mein Hund tut, nicht kleinlicher als gewöhnlich	3	2	1	0	1	2	3	bin ich bei dem, was mein Hund tut, kleinlicher

2. Wenn ich meinem Hund etwas verbiete ...

rede ich dabei sehr wenig	3	2	1	0	1	2	3	rede ich dabei sehr viel

3. Wenn mich mein Hund nervt und mir keine Ruhe lässt ...

kann ich das gut ignorieren	3	2	1	0	1	2	3	kann ich das nicht ignorieren

4. Wenn ich meinen Hund unterbrechen will, wenn er gerade etwas Unerwünschtes tut ...

gelingt mir das schnell	3	2	1	0	1	2	3	gelingt mir das erst nach einigem Hin und Her

5. Ich bin ein Hundehalter ...

der Grenzen setzt und seinem Hund zeigt, was erlaubt ist und was nicht	3	2	1	0	1	2	3	der seinen Hund das tun lässt, was er will

6. Wenn mein Hund ungezogen ist oder sich unangemessen verhält ...

spreche ich ruhig mit meinem Hund	3	2	1	0	1	2	3	hebe ich meine Stimme oder schreie meinen Hund an

7. Wenn mein Hund auf »Nein« nicht reagiert ...

unternehme ich sofort etwas	3	2	1	0	1	2	3	rede ich weiter auf ihn ein

8. Nachdem es Probleme mit meinem Hund gegeben hat ...

gehe ich schnell zum normalen Geschehen über	3	2	1	0	1	2	3	bin ich noch lange ärgerlich

9. Wenn mein Hund etwas tut, was ich nicht mag ...

unternehme ich jedes Mal etwas dagegen	3	2	1	0	1	2	3	lasse ich es oft einfach durchgehen

10. Wenn es ein Problem mit meinem Hund gibt ...

habe ich mich unter Kontrolle	3	2	1	0	1	2	3	entgleitet mir die Situation häufig und ich tue Dinge, die ich gar nicht tun wollte

11. Wenn mein Hund ungezogen ist oder sich unangemessen verhält ...

gebe ich ihm nie oder selten einen Klaps oder rucke an der Leine	3	2	1	0	1	2	3	bekommt er oft oder meistens einen Klaps oder einen Leinenruck

12. Wenn mein Hund ein Hörzeichen nicht ausführt (einem Kommando nicht gehorcht) ...

versuche ich, ihn auf die eine oder andere Weise dazu zu bewegen, dass er es doch ausführt	3	2	1	0	1	2	3	lasse ich ihn oft in Ruhe und verzichte auf die Ausführung

13. Wenn mein Hund ungezogen ist oder sich unangemessen verhält ...

lasse ich mich nicht aus der Fassung bringen	3	2	1	0	1	2	3	bin ich so verärgert und frustriert, dass mein Hund merkt, dass er mich aus der Fassung gebracht hat

14. Wenn mein Hund ungezogen ist oder sich unangemessen verhält ...

versuche ich, die Ursache für sein Verhalten herauszufinden	3	2	1	0	1	2	3	verbiete ich es ihm oder tue etwas anderes, damit er dies unterlässt

15. Wenn mein Hund ungezogen ist oder sich unangemessen verhält ...

gebrauche ich selten Schimpfwörter	3	2	1	0	1	2	3	gebrauche ich oft Schimpfwörter

16. Wenn mein Hund etwas nicht darf ...

bleibe ich bei meinem Verbot	3	2	1	0	1	2	3	lasse ich es ihn dann häufig trotzdem tun

17. Wenn mein Hund sich widersetzt oder versucht, mit Herumkaspern abzulenken, wenn ich auf ein Problemverhalten von ihm reagiere ...

ziehe ich meine Maßnahme trotzdem durch	3	2	1	0	1	2	3	versuche ich, sein Protestverhalten zu unterdrücken

18. Wenn mein Hund sich aufregt, wenn ich ihm etwas verbiete ...

bleibe ich bei meinem Verbot	3	2	1	0	1	2	3	nehme ich das Verbot zurück

Auswertung

1. Übersetzen Sie die Antworten nach folgendem Schema:

3	2	1	0	1	2	3
1	2	3	4	5	6	7

2. Addieren Sie die Werte aller Antworten und teilen Sie die Summe durch 18 (für die Anzahl der Fragen). Sie erhalten so Ihren Durchschnittswert im Umgang mit Problemverhalten.
3. Für den Unterpunkt Inkonsequenz addieren Sie die Antworten auf die Fragen 1, 3, 5, 7, 9, 12, 16, 18 und teilen die Summe durch 8.
4. Für den Unterpunkt Überreagieren addieren Sie die Antworten auf die Fragen 6, 8, 10, 11, 13, 15 und teilen die Summe durch 6.
5. Für den Unterpunkt Ineffektivität addieren Sie die Antworten auf die Fragen 2, 4, 14, 17 und teilen die Summe durch 4.

Interpretation

Schon viele Eltern haben diesen Test in Bezug auf ihre Kindererziehung gemacht, sodass es für Kinder und ihre Eltern Normwerte gibt, mit denen Sie Ihre Werte vergleichen können. In einer Befragung von 570 Müttern in einem Braunschweiger Kindergarten wurden folgende Durschnittswerte ermittelt:
Gesamt: 3,3
Nachsichtigkeit (Inkonsequenz, Nachgiebigkeit): 2,5
Überreagieren: 3,3
Weitschweifigkeit (Ineffektivität): 4,5

In der Tabelle unten finden Sie die Werte, bei denen Humanpsychologen bei Eltern gegenüber ihren Kindern von unauffälligem, leicht auffälligem oder auffälligem Erziehungsverhalten sprechen. Vorausgesetzt, die für Eltern ermittelten Werte lassen sich 1:1 auf Hundehalter übertragen, gilt: Je höher der errechnete Wert, desto ungünstiger ist der Umgang mit Problemverhalten des Hundes. Hundehalter, die im unauffälligen Bereich liegen, erziehen weitgehend so, dass ihre Hunde klare Regeln lernen und ihnen Grenzen gesetzt werden; auch verlieren sie selten die emotionale Kontrolle.

Nachgiebige/inkonsequente Hundehalter hingegen reagieren nicht konsequent und achten wenig auf die Einhaltung von Regeln – was Problemverhalten bei Hunden hervorrufen kann. Überreagierende Hundehalter sind oft gereizt, wütend oder verärgert. Sie handeln häufig sehr emotional in Situationen, in denen es wichtig wäre, ruhig und bestimmt zu bleiben. Auch das erzeugt problematisches Verhalten bei Hunden. Ineffektive Hundehalter verzetteln sich in ihren Maßnahmen und versuchen häufig, Hunde mit vielen Worten zu beeinflussen, obwohl dies bei Hunden und speziell in den entsprechenden Situationen wenig effektiv ist. Wer im auffälligen Bereich liegt, könnte ein Hundehaltertraining (z.B. Kursus in einer guten Hundeschule) oder professionelle Beratung in Betracht ziehen.

	unauffällig	leicht auffällig	auffällig
Gesamtskala	0–3.5	3.6–3.7	ab 3.8
Inkonsequenz, Nachgiebigkeit (bei Eltern: Nachsichtigkeit)	0–2.9	3.0–3.2	ab 3.3
Überreagieren	0–3.7	3.8–3.1	ab 4.2
Ineffektivität (bei Eltern: Weitschweifigkeit)	0–5.0	5.1–5.4	ab 5.5

Erklärung der Fallbeispiele

Nachfolgend werden die Fallbeispiele aus dem Kapitel »Lernmechanismen auf einen Blick« (Seite 17) erläutert.

▸ Beispiel 1

Stubenreinheit ist vor allem eine Frage der Reife. Der hauptsächlich beteiligte Lernprozess ist klassische Konditionierung. Der Welpe lernt: Rasen/freier Himmel = sich lösen. Weitere konditionierte Reize (z.B. der Ort, der Geruch usw.) helfen, den Hund in die passende Stimmung zu versetzen. Je öfter er sich in Zusammenhang mit diesen Reizen gelöst hat, desto fester wird die Verknüpfung, bis »es« ohne diese Reize kaum noch geht. Wenn der Hund dann ein Bedürfnis verspürt, muss er die passenden Reize aufsuchen, weil er sonst nicht »kann«. Das Gefühl der Erleichterung erzeugt vermutlich einen starken Belohnungseffekt nach dem Muster von negativer Verstärkung **V-**. Zusätzliches Loben oder Tadeln ist daher nicht wirklich nötig. Vor allem Strafen würden in dem Zusammenhang den Hund nur unnötig stressen und ihn sogar eher vom eigentlichen Lernvorgang ablenken. Aylas Besitzer machen es also richtig.

▸ Beispiel 2

Herr Meyer versucht, operante Konditionierung in Form von negativer Verstärkung **V-** anzuwenden, macht dabei aber so große Fehler, dass man eigentlich nur von unsystematischer Einschüchterung sprechen kann. Für die korrekte Anwendung von **V-** müsste Herr Meyer den psychischen Druck auf Rambo deutlich verringern oder gar aufheben, sobald dieser liegt, und nur wieder damit einsetzen, falls Rambo versucht, vorzeitig aufzustehen. So könnte Rambo evtl. lernen, dass es besser für ihn ist, ruhig »Platz« zu machen, als den Rivalen anzubellen. Stattdessen bekommt er immer mehr Unannehmlichkeiten, je näher der andere Hund kommt, obwohl er gehorsam ist. Rambo wird die Unannehmlichkeiten daher höchstwahrscheinlich durch klassische Konditionierung mit der ganzen Situation verknüpfen: fremder Hund = Stress, Druck, ein erbostes Herrchen, Angst usw. Selbst bei korrekter Anwendung von **V-** kommt diese unerwünschte Verknüpfung nur allzu leicht zustande und führt oft zu einer Verschlimmerung des Problems. Wesentlich sinnvoller wäre es, die Lernsituation umzudrehen und Rambo z.B. freundlich ein über positive Verstärkung **V+** beigebrachtes Ersatzverhalten (etwa »Sitz« oder »Schau mich an«) abzuverlangen. Bei Problemverhalten wie Leinenaggression, bei dem Emotionen und Stress eine so große Rolle spielen, hat man oft mit klassischer Konditionierung noch schnellere Erfolge. Herr Meyer könnte Rambo z.B. jedes Mal Leckerchen anbieten, sobald dieser einen anderen Hund erspäht (führt zur Verknüpfung: Hund = Leckerchen = angenehm).

▸ Beispiel 3

Frau Schmidt verwendet operante Konditionierung in Form von negativer Verstärkung **V-**. Der Ablauf von Signalgebung, unangenehmer Einwirkung und Beenden der unangenehmen Einwirkung, wenn der Hund wie gewünscht reagiert, stimmt. Frau Schmidt riskiert allerdings sehr viel, wenn sie so früh auf die Absicherung durch die lange Leine verzichtet. Falls Jette auch nur 2- bis 3-mal ausprobiert, was passiert, wenn sie nicht auf das Rufen hört (was bei einem unternehmungslustigen jungen Hund mehr als wahrscheinlich ist!), merkt sie, dass sie der unangenehmen Einwirkung auch entgehen kann, indem sie von Frau Schmidt wegläuft. Diese so genannte

Gegenkontrolle muss man bei **V-** eigentlich unbedingt verhindern, bis das Verhalten 100 %ig »sitzt«. Das Wort »Komm« wird außerdem höchstwahrscheinlich per klassischer Konditionierung mit den unmittelbar danach einsetzenden Leinenrucken verknüpft. Jette wird es nicht gern hören und daher noch eher geneigt sein, sich zu drücken, wenn sie kann. Auf diese Weise ein flottes oder gar freudiges und auch auf Dauer zuverlässiges Kommen zu erreichen, ist fast unmöglich, weswegen die Methode eigentlich als veraltet gilt.

▸ Beispiel 4

Die Methode verwendet operante Konditionierung in Form von positiver Bestrafung **S+**: der Hund probiert verschiedene Verhaltensweisen aus (läuft vor, trödelt, zieht, weicht ab, bleibt stehen etc.), und all das hat für ihn unangenehme Folgen (Leinenruck). Er lernt mühsam und unter allerlei Unannehmlichkeiten, dass er nur dann nicht bestraft wird, wenn er neben dem Hundeführer geht. Der Hund arbeitet nicht etwa für das Lob, wie oft behauptet wird, sondern um den Rucken zu entgehen. Das Lob hat fast ausschließlich die Funktion eines Sicherheitssignals (Lob = im Moment ist kein Ruck zu befürchten). Da dem Wort »Fuß« Leinenrucke folgen (zumindest, bis der Hund endlich gelernt hat, die Rucke zu vermeiden), wird es per klassischer Konditionierung zu einer konditionierten positiven Strafe. Viele so ausgebildete Hunde zucken denn auch etwas zusammen, wenn sie das Wort hören. Strafe ist prinzipiell ungeeignet, um dem Hund Aktivitäten beizubringen, da sie keine Information darüber enthält, was er anstelle des bestraften Verhaltens tun soll. Das Rucken erzeugt zudem viel Stress, der wiederum das Lernen hemmt. Kein Wunder, dass viele Hunde bei dieser Methode Wochen oder Monate brauchen, um die Übung zu begreifen, und es manche sogar nie wirklich lernen!

▸ Beispiel 5

Brigitte verwendet operante Konditionierung in Form von positiver Verstärkung V+. Verstärkt wird das Kommen auf Ruf. Das Rufen wird so per klassischer Konditionierung mit Annehmlichkeiten verknüpft. D.h. das Rufsignal nimmt den Charakter eines konditionierten positiven Verstärkers an. Somit verstärkt Brigitte mit ihrem Rufen indirekt auch das Überlaufen der 20-m-Marke, was erklärt, dass Mücke es eher noch häufiger tut als zuvor. Um zu erreichen, dass Mücke näher bei ihr bleibt, könnte Brigitte Mücke stattdessen belohnen, wenn diese zufällig, auch ohne gerufen worden zu sein, im 20-m-Bereich bleibt. Läuft Mücke zu weit weg, könnte Brigitte dies ignorieren (= zumindest nicht verstärken) oder sich schweigend umdrehen und in eine andere Richtung gehen (= milde Form von negativer Bestrafung **S-**). Mücke würde so lernen, von selbst im gewünschten Radius zu bleiben.

▸ Beispiel 6

Bennys Besitzer versuchen, das Autofahren mit Hilfe von klassischer Konditionierung (Zuwendung, Leckerchen) mit angenehmen Gefühlen zu verknüpfen. Die Idee ist richtig, aber die Ausführung ist falsch. 10 Minuten Fahrt sind viel zu viel. Daher kommt bei Benny keine Gewöhnung, sondern eine Sensibilisierung in Gang. Er entwickelt außerdem per klassischer Konditionierung Ängste vor weiteren Reizen (Halsband anziehen, hinausgehen), da diesen Reizen zu oft das bereits angstbesetzte Autofahren folgte. Bennys Besitzer müssten in sehr viel kleineren Schritten vorgehen, um ihn ans Autofahren zu gewöhnen. Sie könnten z.B. anfangs mit ihm nur in Richtung Auto gehen, ihn belohnen und dann wieder weggehen, später mit ihm einsteigen, aber noch nicht fahren usw. Die erste echte Fahrt sollte dann nur ca. 100 m weit sein. Evtl. müssen sie auch das Anleinen zuerst wieder positiv verknüpfen. Nimmt Benny keine Leckerchen mehr an, ist sein Stress zu groß und die Übung sollte abgebrochen werden.

▸ Beispiel 7

Beide Hunde lernen per operanter Konditionierung, Cora über negative Verstärkung **V-**, Charly über positive Verstärkung **V+**. Beide Ausbilder wenden die jeweiligen Verfahren richtig an: sie stellen die Übungssituation so, dass der Hund kaum Fehler machen kann. Coras Ausbilder verringert den Leinenzug kontinuierlich, sodass Cora schnell begreift, welches Verhalten ihr Vorteile verschafft. Charlys Ausbilderin baut das Leckerchen als Lockmittel schnell wieder ab, damit Charly nicht »abhängig« davon wird. Welche Methode ist besser geeignet? Eventuell lernt Cora ihre Aufgabe ein wenig schneller, denn korrekt angewandte **V-** hat oft schnellere Anfangserfolge als **V+**. Auf lange Sicht oder unter Stressbedingungen wird der mit **V+** ausgebildete Charly aber vermutlich zuverlässiger sein. Denn bei Cora ist die Übung aufgrund von klassischer Konditionierung mit unangenehmen Gefühlen verknüpft, sodass sie eher als Charly dazu neigen wird, sich vor der Ausführung zu drücken. Entdeckt Cora dann, dass ihr künftiger Besitzer nicht sehen kann, ob sie ihn an einem leeren Stuhl vorbeiführt, wird es schwierig.

▸ Beispiel 8

Bei allen Beispielen handelt es sich um operante Konditionierung.

a) **V+**. b) **V-** (Druck) und **V+** (Leckerchen). c) **V-**. d) **V-** (durch leicht drohende Körpersprache und wieder aufheben der Drohung, wenn der Hund wie gewünscht reagiert.) e) **V+**.

Grobe Fehler in der Ausführung sind nicht zu erkennen. Bei b), c) und d) besteht die Gefahr, dass der Hund versucht, sich der Einwirkung auf andere Weise zu entziehen (Gegenkontrolle).

▸ Beispiel 9

Bei allen Beispielen handelt es sich um operante Konditionierung.

a) Positive Bestrafung **S+** (da die unangenehme Einwirkung erst nach Zeros »Fehlverhalten« erfolgt und er sie nicht durch sein eigenes Verhalten abbrechen kann, ist es eine Strafe und keine negative Verstärkung **V-**). Weil die Strafe schlecht getimt ist, lernt Zero nicht wie beabsichtigt: »aus dem Sitz aufstehen = unangenehm«, sondern: »mein Mensch greift nach mir = unangenehm«. Er wird sich höchstwahrscheinlich zumindest bei dieser Übung bald nicht mehr von Z greifen lassen, aber es wird sehr lange dauern, bis er »Sitz-Bleib« gelernt hat.

b) Negative Verstärkung **V-**, richtig angewandt. Die unangenehme Einwirkung (leichte Bedrohung durch Hundeführer, unsanftes Stoppen mit der Leine) wird im richtigen Moment durch ein Warnsignal (»Nein!«) angekündigt. Yago kann durch sein Verhalten dafür sorgen, dass die unangenehme Einwirkung sofort wieder beendet wird: er setzt sich, die Leine entspannt sich. Y hebt zugleich die Drohgeste auf und bestätigt Yago, dass er sich richtig korrigiert hat. Yago wird die Übung zügig lernen. Über positive Verstärkung **V+** hätte er allerdings wesentlich mehr Spaß an der Sache.

c) Hier erfolgt im Grunde gar keine Einwirkung. Xenia bekommt einfach ein erneutes »Sitz«-Kommando. X reagiert zwar schnell und verhindert dadurch erfolgreich, dass Xenia sich fürs Aufstehen selbst belohnt. Allerdings bemerkt sie evtl. gar nicht, dass sie einen »Fehler« gemacht hat, sondern »denkt«, sie dürfte die »Sitz«-Übung jederzeit von sich aus beenden und X würde ihr einfach danach ein neues Kommando gegeben. Vermutlich wird sie die Übung aber dennoch ganz gut lernen.

d) Positive Verstärkung **V+**, und zwar fürs Aufstehen! Winnie bekommt Zuwendung und Nähe, wenn sie aufsteht, und wird auch zu früh nach einem »Fehler« wieder belohnt, sodass eine Verhaltenskette entstehen kann: aufstehen, wieder hinsetzen, belohnt werden. Da es sich für Winnie mehr lohnt, aufzustehen als sitzen zu bleiben, wird sie ziemlich lange brauchen, um die Übung zu lernen.

e) Negative Bestrafung **S-**, richtig angewandt. V entzieht Valko als Folge des Aufstehens die Möglichkeit, sich anderweitig zu vergnügen. Aufgrund der Nähe zum Hund und der Verwendung einer konditionierten negativen Strafe (»Schade« = die Chance auf Belohnung ist gesunken) stimmt das Timing. Valko sollte gut und ohne allzu viel Stress lernen, dass Aufstehen sich bei dieser Übung nicht lohnt. Die Grenze zur negativen Verstärkung **V-** ist bei diesem Beispiel fließend. Daher die Betonung auf dem sanften Stoppen: die Leineneinwirkung soll Valko keine echten Unannehmlichkeiten zufügen. In einem abgegrenzten Raum ohne Ablenkung würde »Schade« und ein paar Sekunden Ignorieren des Hundes denselben Zweck erfüllen.

f) Negative Bestrafung **S-**, richtig angewandt. U verwendet fast nur die konditionierte negative Strafe (»Schade«), denn er ist zu weit von Ursus entfernt, um direkt einzugreifen. Hunde, die das »Schade« gut kennen, korrigieren sich daraufhin oft von selbst, um ihre Chancen auf Belohnung wieder zu erhöhen. U erkennt ganz richtig, dass er Ursus überfordert hat und macht die Übung bei der Wiederholung wieder einfacher, indem er nicht so weit vom Hund weg geht.

▸ Beispiel 10

Operante Konditionierung in Form von negativer Verstärkung **V-**. Der Welpe wird durch die Trennung vom Besitzer in eine unangenehme Stimmung versetzt (Frust, verlassen sein). Das Aufheben dieser unangenehmen Gefühle ist die Hauptbelohnung bei dieser Übung. Genießt der Welpe den engen Sozialkontakt (streicheln, loben) bei seiner Ankunft sichtlich oder wird noch zusätzlich mit Spiel, Futter o.ä. belohnt, kommt noch positive Verstärkung **V+** hinzu.

Auflösung der Übungen

▸ Übung 17

Auflösung der Übung 17 »Die richtige Methode finden« aus dem Kapitel »Negative Verstärkung, Strafe, Verbote«, S. 60:

1. Betteln am Tisch: ignorieren b), in schweren Fällen evtl. Auszeit d)

2. Dauernd Spiel/streicheln einfordern: ignorieren b)

3. Anspringen: ignorieren b), Kontakt abbrechen c), gegenüber Passanten Erfolg verhindern a), bei sehr dreisten und hartnäckigem Anspringen evtl. Auszeit d) oder Discs h)

4. Welpe beißt im Spiel zu fest: Kontakt abbrechen c), ggf. Auszeit d) oder Abbruchsignal f), positive Bestrafung **S+** g) nur selten zu empfehlen, ansonsten eine Frage von Management

5. In die Leine beißen: soweit möglich Erfolg verhindern a) durch die Leinenführung, evtl. Kontakt abbrechen c) wenn es beim Üben auftritt, falls machbar Auszeit d), evtl. in leichten Fällen Strafe g), Schnauzgriff oder Bitterstoff

auf Leine, evtl. Abbruchsignal f), Discs h)

6. Schnappen und zappeln beim Bürsten: in leichten Fällen Erfolg verhindern bzw. sanft erzwingen (a), e): freundlich weitermachen, festhalten)

7. Futter/Spielzeug verteidigen: nichts von alledem (Gefahr der Eskalation), ignorieren des Hundes b) in der Situation zur Schadensbegrenzung und »positiv« üben

8. Anknurren von Kindern: nichts von alledem (Gefahr der Verschlimmerung), positiv üben und Management, in der Situation zur Schadensbegrenzung evtl. Auszeit d)

9. Besucher wüst verbellen: Erfolg verhindern a), nicht dicht an Besucher lassen, evtl. abdrängen oder anleinen, in leichten Fällen ignorieren b), sonst positiv üben

10. Leinenaggression: nichts von alledem, positiv üben, zur Schadensbegrenzung in der Situation ignorieren b) und evtl. Kontakt abbrechen c), also keine evtl. verstärkende Rückmeldung des Menschen mehr

11. Raufen/Hundeaggression: nichts von alledem, positiv üben und Management

12. Nicht stubenrein sein: Erfolg verhindern a) Hund gut beaufsichtigen

13. Möbel/Teppiche anfressen: Abbruchsignal f), Strafe g) = direktes Eingreifen oder Bitterstoff), ggf. Discs h)

14. Aufs Sofa/Bett springen: Erfolg verhindern a) = Möbel blockieren und Hund im Ansatz des Verhaltens stoppen, Abbruchsignal f), evtl. Strafe g), z.B. schnell runterschubsen)

15. Essen vom Tisch oder anderes klauen: ganz überwiegend Erfolg verhindern a), ggf. Strafe g), Abbruchsignal f) oder Discs h)

16. Jaulen und bellen beim Alleinsein: nichts von alledem, positiv üben, Management

17. Über den Gartenzaun springen: Erfolg verhindern a), evtl. Strafe g), z.B. Klapperdose, Wasserstrahl

18. Nicht auf Ruf kommen: nichts von alledem, positiv üben (theoretisch ginge natürlich erzwingen e) und Discs h), praktisch ist das meist überflüssig oder bringt auf Dauer eher Rückschläge)

19. Überhaupt schlecht gehorchen: in Einzelfällen gelegentlich Erfolg verhindern (a), weggehen des Hundes aus der Übung verhindern) oder Kontakt abbrechen (c), was für einen »positiv trainierten« Hund schon eine heftige Sache ist)

20. An der Leine ziehen: Erfolg verhindern a)

21. Draußen Müll fressen: Erfolg verhindern a), Abbruchsignal f), Strafe g), Discs h) – meist hilft alles nicht wirklich, da Müll fressen ein sehr starker Instinkt ist

22. Jogger/Wild jagen: Haupttaktik: Ersatzverhalten usw. nutzen, außerdem: Erfolg verhindern (a), lange Leine) und evtl. Abbruchsignal (f), nur in seltenen Ausnahmefällen evtl. Strafe (g), da die Gefahr von Fehlverknüpfungen hier besonders groß ist)

▸ »Richtig oder falsch?«

Auflösung der Fragen »Richtig oder falsch?« aus dem Kapitel »Erziehungsmethoden hinterfragen«, Seite 103:

a) Falsch. Je nach Nahrungsangebot und Gruppengröße werden auch mal zwei oder drei Würfe aufgezogen.

b) Falsch. Die Alphatiere sind »dominant« (bestimmend), weil sie die Eltern der anderen sind. Statt mit ihnen in einen gefährlichen, energieaufwändigen Wettstreit um die Rangfolge zu treten, ziehen die Jungen weg, wenn sie erwachsen sind, um eigene Rudel zu gründen, in denen sie automatisch Alphatier sind.

c) Falsch. Das Alphapaar pocht kaum auf seine Dominanz. Das wäre auch reine Energieverschwendung.

d) Jein. Zwar nähern sich die jüngeren Tiere den Ranghohen (also Älteren) oft von sich aus in unterwürfiger Haltung. Gegen Zurechtweisungen oder Einschränkungen des Freiraums durch ranghöhere Tiere protestieren die Rangniederen aber häufig.

e) Falsch. Wölfe/Hunde können einander keine Befehle geben. Ranghohe Tiere können sich nur ggf. wenn nötig situationsbedingt durchsetzen (z.B. aufdringliche Jungtiere vertreiben) und durch ihr Verhalten anzeigen, was sie selbst tun wollen.

f) Falsch. Die Initiative aufzubrechen geht zwar naturgemäß meist von den älteren Tieren aus (die weniger erfahrenen jüngeren schließen sich an). Aber sonst laufen die Jungtiere oft vorn, weil sie neugieriger und bewegungsfreudiger sind als die Alten, die eher ihre Kräfte sparen.

g) Falsch. Welpen werden zwar einige hundert Meter von der Wurfhöhle entfernt gestoppt, aber ältere Jungtiere oder erwachsene Wölfe entfernen sich für Stunden oder Tage ungestraft vom Hauptrudel.

h) Falsch. Die erfahrenen Alttiere spielen zwar die aktivste Rolle, haben aber keine Möglichkeit, den anderen ein bestimmtes Verhalten aufzuzwingen. Die Jagd organisiert sich selbst durch die verschiedenen Talente der Rudelmitglieder, ihre Erfahrung und ihre Verständigung untereinander.

i) Falsch. Am frisch erlegten Beutetier fressen alle Wölfe gemeinsam so schnell und so viel wie möglich, und alle rangeln miteinander um günstige Fressplätze. Falls Welpen gefüttert werden müssen, setzen die Elterntiere aber durch, dass sie für diese zuerst etwas bekommen.

j) Im Wesentlichen richtig. Natürlich beschützen die älteren (ranghohen) Tiere ihre Nachkommen, vermeiden Kämpfe allerdings soweit möglich.

k) Teils richtig. Die Alphatiere wollen zwar manchmal ihre Ruhe haben und reagieren dann »sauer«. Von einer generellen Regelung kann aber keine Rede sein.

l) Falsch. Kleinere Beutestücke kann und darf jeder gegen jeden verteidigen. Beim Klauen von anderen Beutestücken scheinen Alphatiere allerdings etwas erfolgreicher zu sein.

m) Teils richtig. An ihrem Liegeplatz »verbitten« sich Ranghohe manchmal Störungen. Sie können aber nicht verhindern, dass andere den Platz in ihrer Abwesenheit benutzen.

n) Falsch. Aufgrund der Altersstruktur im Rudel kommt es dazu normalerweise nicht (siehe auch bei b auf Seite 118).

o) Falsch. Je nach Lebensbedingungen leben Wölfe paarweise, in Kleinfamilien oder größeren Verbänden. Ein typisches Rudel besteht aus den Elterntiere und ihren Jungen bis zum Alter von zwei bis drei Jahren.

▸ Übung 23

Auflösung der Übung 23 »Rangordnung vermitteln« aus dem Kapitel »Erziehungsmethoden hinterfragen«, Seite 106:

a) Evtl. sinnvolle Managementmaßnahme bei Hunden, die ihren Liegeplatz als Ressource verteidigen oder auf Annäherung von Menschen aggressiv reagieren. Hat man bereits solche Probleme, sollte man beim Training tunlichst auf negative Verstärkung **V-** verzichten!

b) Die Annäherung eines Menschen wird zum Signal dafür, aus dem Weg zu gehen. An sich kein Problem, es sei denn, der Hund hat beim Aufstehen Schmerzen und es wird mit **V-** gearbeitet (Gefahr von Aggression).

c) Evtl. sinnvolle Trainings- oder Managementmaßnahme bei territorialen oder unsicheren Hunden, da man die Situation dann besser überblicken und kontrollieren kann.

d) Wie c).

e) Managementmaßnahme. Kann ggf. sinnvoll sein bei Hunden, die in Begegnungssituationen Probleme machen oder jagen. (Ich finde es allerdings lästig, wenn ich mich dauernd nach dem Hund umgucken muss.)

f) Lehrt den Hund, einen gewissen Frust zu ertragen.

g) Evtl. setzt der Mensch Leckerchen erstmals sinnvoll als positiven Verstärker ein. Versehentliches Verstärken von unerwünschtem Verhalten wird vermieden.

h) Deprivation bezüglich Spielzeug. Es wird dadurch wesentlich attraktiver und kann eventuell besser als positiver Verstärker verwendet werden.

i) Ggf. sinnvolle Managementmaßnahme, da solche Spiele Hunde manchmal zu sehr aufregen.

j) Ignorieren und Erfolg verhindern hilft natürlich, falls der Hund bereits lästig ist. Hilfreich für Hunde mit extremer Trennungsangst, die lernen müssen, den Frust zu ertragen, dass ihr Mensch nicht immer verfügbar ist. Ansonsten Deprivation auf sozialer Ebene: Zuwendung durch den Menschen wird wesentlich wichtiger und kann evtl. als positiver Verstärker verwendet werden.

▸ Fachausdrücke und Abkürzungen

Ausbildung das Beibringen von Kommandos wie »Platz«, »Fuß«, »Apport«, »Voran« usw. (im Hundesport »Unterordnung« genannt)

Belohnung umgangssprachlich für Verstärkung

Calming signals Beschwichtigungssignale -> Seite 83

Deprivation künstlich eine Mangelsituation herstellen (meist bezüglich Futter oder Sozialkontakt)

Discs Messingscheiben, deren Scheppern als Abbruchsignal eingesetzt wird -> Seite 71

Exploration das Erkunden der Umwelt

Flow (englisch fließen, rinnen, strömen) das lustbetonte Gefühl des völligen Aufgehens in einer Tätigkeit

Gegenkontrolle der Hund versucht, sich einer Strafe oder negativen Verstärkung zu entziehen oder diese durch sein Verhalten unwirksam zu machen (z.B. knurren und schnappen, weglaufen, Verbotenes nur heimlich tun usw.)

Grundstellung der Hund sitzt gerade, dicht und aufmerksam bei Fuß (i.d.R. links neben dem Hundeführer)

HZ Hörzeichen, hörbares Signal

Interaktion das direkte wechselseitige aufeinander Einwirken von Sozialpartnern, gerade stattfindende Kommunikation

Jackpot unerwartete, besonders große oder begehrte Belohnung

Kommando siehe Signal

kS+ konditionierte positive Strafe

kS- konditionierte negative Strafe

kV+ konditionierter positiver Verstärker

kV- konditionierter negativer Verstärker

Lockmittel Leckerchen oder Spielzeug, das man dem Hund vorhält oder zeigt, um ihn zu einer bestimmten Bewegung zu veranlassen

Löschungstrotz der Hund ist frustriert und intensiviert seine Bemühungen, wenn ein Verhalten, das bisher häufig verstärkt wurde, plötzlich nicht mehr verstärkt wird

Meideverhalten der Hund weicht vor etwas aus, vor dem er Angst hat, bzw. traut sich nicht heran

Obedience Hundesportart, Gehorsamsübungen in Perfektion

Phobie krankhafte Angst vor etwas Bestimmtem

Reizstromgerät Gerät, mit dem man dem Hund per Fernbedienung über das Halsband Elektroschocks versetzen kann

S+ positive Strafe -> Seite 16

S- negative Strafe ->Seite 16

Signal »Kommando«, antrainiertes Zeichen, mit dem man den Hund zu einer bestimmten Tätigkeit veranlassen kann

SZ Sichtzeichen, sichtbares Signal

Übermotivation der Hund ist aus Gier auf die Belohnung so erregt, dass Lernen praktisch nicht mehr stattfindet

Unterordnung Bezeichnung für Gehorsamsübungen im Hundesport

V+ positive Verstärkung ->Seite 16

V- negative Verstärkung ->Seite 16

Verstärkung für den Hund angenehme Folge eines Verhaltens, die ihn veranlasst, dieses Verhalten in Zukunft häufiger zu zeigen

Verstärkungsrate Belohnungshäufigkeit

Vorsignal Hinweis aus der Trainingssituation, an denen der Hund erkennt, was er tun soll, ehe das Signal eingeführt wird.

Zielverhalten die endgültige (fertige) Form eines Verhaltens, das man dem Hund beibringen möchte

▸ Zum Weiterlesen

Hundebücher aus dem Kosmos-Verlag

Abrantes, Roger: Hundeverhalten von A-Z.

Coren, Stanley: Die Geheimnisse der Hundesprache.

Coren, Stanley: Wie Hunde denken und fühlen.

Feltmann-von Schroeder, Gudrun: Die Kunst, mit dem Hund zu reden.

Feltmann-von Schroeder, Gudrun: Welpentraining mit Gudrun Feltmann.

Führmann, Petra und Iris Franzke: Erziehungsprobleme beim Hund.

Führmann, Petra und Iris Franzke: Zwei Hunde – doppelte Freude.

Führmann, Petra und Nicole Hoefs: Erziehungsspiele für Hunde.

Harries, Brigitte: Hundesprache verstehen.

Jones, Renate: Aggressionsverhalten bei Hunden.

Katja Krauß: Hunde erziehen mit dem Clicker.

Pietralla, Martin: Clickertraining für Hunde.

Schneider, Dorothee und Armin Hölzle: Fährtentraining für Hunde.

Schöning, Dr. Barbara, N. Steffen und K. Röhrs: Hundesprache.

Schöning, Dr. Barbara: Hundeverhalten.

Tellington-Jones, Linda: Tellington-Training für Hunde. Buch + Video.

Winkler, Sabine: Hundeerziehung.

Winkler, Sabine: Hundeschule leicht gemacht.

Winkler, Sabine: So lernt mein Hund.

Zvolsky, Norma: Die Kosmos-Retrieverschule.

▸ Nützliche Adressen

Berufsverband der Hundeerzieher und Verhaltensberater e.V. (BHV)
Eppsteiner Str. 75
65719 Hofheim
Tel.: 0 61 92 – 9 58 11 36
www.hundeschule.de

aHa – die andere Hundeausbildung
Beate Poetting & Sabine Winkler
Bielefelder Str. 126
33824 Werther
Tel.: 0 52 03 – 88 37 70
www.aha-hundeausbildung.de

▸ Register

Abbruch d. Interaktion 64, 69
Alphatiere 103, 104
Anforderungen 82
Angst 66, 68
Ausrüstung 7
Auszeit 64

Autofahren 97
Befehlen 93
Belohnung 22, 23, 39
Belohnungen abbauen 84, 88
Belohnungsrate 11, 84
Beobachtungsgabe 7
Beschwichtigungsgesten 83
Bestrafung, negative 16
Bestrafung, positive 16
Blickkontakt 8, 81
Calming signals 83
Clicker 24, 25
Discs 71
Dominanz 103
Drohen 68
Einwirkung, negative 60
Erfolg verhindern 61
Fähigkeiten des Hundes 8
Fähigkeiten des Trainers 7
Fisher-Discs 71
Flow 22, 35, 83
Folgen 97
Fortschritte 79, 84
Freiheitsberaubung 66
Generalisieren 80
Gewöhnung 15
Gruppenübungen 82
Handzeichen 8
Häufigkeit des Übens 78
Herkommen 40
Hetzen 97
Hilfsmittel 7, 107
Hörzeichen 49
Ignorieren 63
Interaktion abbrechen 64
Klassische Konditionierung 15, 91
Kommandos 44
Kommen 40, 97
Konditionieren 24, 93
Konditionierter Verstärker 17
Konditionierung, klassische 15, 91
Konditionierung, operante 16
Konsequenz 113
Körperkontakt 23, 37
Körpersprache 36, 50
Laufrichtung 36
Leckerchen 22, 26, 28
Lernmechanismen 15
Lernumgebung 80
Lockmittel 8
Löschungstrotz 12, 63
Management 63, 91, 98
Motivation 22, 82
Negative Bestrafung 16, 60
Negative Verstärkung 16, 58, 65, 108
Operante Konditionierung 16
Pause 82
Pfeife 8, 42
Platz 54
Positive Strafe 16, 72, 75
Positive Verstärkung 16
Rangordnung 103, 106
Routine 10, 11
Rückmeldungen 35
Rückruf 40
Rudel 103, 105
Schritte, kleine 85
Sensibilisierung 15
Shaping 12
Sichtzeichen 50
Signal verknüpfen 11
Signal, neues 47
Signale definieren 55
Signale generalisieren 49
Signalkontrolle 44, 45, 84
Sozialstruktur 104
Spiel 32, 34
Spieldisziplin 34
Spielzeug 22, 32
Stimme 39
Strafe 16, 17, 58, 72, 75
Stress 82
Target 53
Timing 7, 13
Trainingseinheiten 77, 78
Überforderung 80
Übergabe der Leckerchen 29, 31
Übermotivation 32, 34
Übertragen 80
Übungen kombinieren 87
Übungen weiterentwickeln 84
Übungen zerlegen 87
Übungsaufbau 9
Umgebung 80
Verhalten auslösen 9
Verhalten formen 12
Verhalten üben 10
Verhaltensketten 56
Verhindern des Erfolgs 61
Verknüpfung 47
Verstärker, konditionierter 17, 23
Verstärkung, negative 16, 58, 65, 108
Verstärkung, positive 16
Verstärkungsrate 89
Vorsignale 48
Vorwegnehmen 51
Welpe 92
Wölfe 38, 103, 104
Wortsignale 46
Zeigen 36
Zielverhalten 12
Zufallsprinzip 89

Bildnachweis

Farbfotos von Peter Beck (1, S. 104), Klaus Buchholz (1, S. 50), Thomas Höller/Kosmos (7, S. 5, 9, 19, 27, 69, 92, 101), Wolfgang Kälberer (1, S. 46), Katja Krauß (1, S. 29), Ralf Roppelt/Kosmos (1, S. 23), Christof Salata/Kosmos (alle übrigen 33 Aufnahmen), Horst Streitferdt/Kosmos (3, S. 1, 8, 26), Karl-Heinz Widmann/Kosmos (18, S. 10, 16, 33 li, 33 re, 38, 45 li, 45 re, 60, 65, 80, 82 li, 82 re, 87, 88, 89, 95, 99, 106), Sabine Winkler (23, S. 12, 21, 36, 37 li, 37 re, 42 li, 42 re, 48 li, 48 re, 52, 54, 55, 63, 67, 74, 75, 81, 83, 85 li, 85 M, 85 re, 91, 94).

Impressum

Umschlag von eStudio Calamar unter Verwendung eines Farbfotos von Christof Salata/Kosmos.

Mit 107 Farbfotos.

Bibliografische Information Der Deutschen Bibliothek
Die Deutsche Bibliothek verzeichnet diese Publikation in der Deutschen Nationalbibliografie; detaillierte bibliografische Daten sind im Internet über http://dnb.ddb.de abrufbar.

Alle Angaben in diesem Buch erfolgen nach bestem Wissen und Gewissen. Sorgfalt bei der Umsetzung ist indes dennoch geboten. Der Verlag und die Autorin übernehmen keinerlei Haftung für Personen-, Sach- oder Vermögensschäden, die aus der Anwendung der vorgestellten Materialien und Methoden entstehen könnten.

ISBN-13: 978-3-440-10467-2
ISBN-10: 3-440-10467-5
Redaktion: Angela Beck
Gestaltungskonzept: eStudio Calamar
Produktion: Kirsten Raue / Markus Schärtlein
Printed in Czech Republic / Imprimé en République tchèque